피천득 문학 전집 5

번역집
셰익스피어 소네트

피천득 문학 전집 5

번역집
셰익스피어 소네트

윌리엄 셰익스피어 지음 / 피천득 옮김
정정호 책임 편집

범우사

일러두기

1. 번역작품 저본은 번역초판본인 1964년 정음사판 셰익스피어스전집(제5권)으로 삼았다. 그리고 역자 피천득이 생전에 교정을 본 1996년 샘터판을 참조하였다.
2. 번역본의 이해를 돕고 독자들에게 17세기 초 엘리자베스시대 영어 원문의 맛을 보여주기 위해 셰익스피어 영어 원문을 옆에 나란히 실었다. 영어 텍스트의 원문은 Stephen Booth가 주석을 달고 편집한 《Shakespeare's Sonnets》(New Haven, Yale UP, 1977)를 주로 사용하였다. (독자들의 편의를 위해 영어원문에만 행수를 4, 8 ,12로 표기하였다.)
3. 본서의 구성은 번역시는 왼쪽에, 원문 영어시는 오른쪽에 실어 대역(對譯)체제로 구성했다.
4. 소네트 작품의 이해를 돕기 위해 꼭 필요한 피천득의 원주(原註)만을 달았다.
5. 본문의 맞춤법, 띄어쓰기, 구두점은 오늘날 어법에 맞추었다.
6. 한자나 외래어는 꼭 필요한 경우에 괄호 속에 넣어 표기했다.

| 머리말 |

피천득 문학 전집(전7권)을 내면서

> 요즘은 과거에 비해 사람들이 시를 많이 읽지 않습니다.… 요즘의 시대가 먹고 사는 게 너무나 힘들고 경쟁이 치열하기 때문이라는 생각이 들기도 합니다. 남을 누르고 이겨야 살 수 있는 세계에서 시는 사실 잘 읽히지 않습니다. 하지만 그럴수록 오히려 시를 가까이 두고 읽어야 할 필요가 있습니다. 시는 영혼의 가장 좋은 양식이고 교육입니다. 시를 읽으면 마음이 맑아지고 영혼이 정갈해집니다. 이것은 마른 나무에서 꽃이 피는 것과 같은 일입니다.
>
> ─ 피천득, 〈시와 함께한 나의 문학 인생〉 (2005)

피천득은 1910년 5월 29일 서울 종로 청진동에서 태어났다. 3개월 후 8월 29일, 한반도에서 500년 이상 지속된 조선왕국이 경술국치로 식민제국주의 일본에 강제 병합되는 민족 최대의 역사적 비극이 일어났다. 우리 민족 최대 수치의 날, 피천득은 태어난 지 3개월 만에 나라를 잃어버린 망국민(亡國民)이 되었다. 더욱이 7세에 아버지를 여의고 10세에 어머니마저 잃은 고애자(孤哀子) 피천득은 문자 그대로 천애 고아가 되었다. 금아 피천득에게 망국민의식과 고아의식은 그의 삶, 문학, 사상의 뿌리로 자리 잡게 되었다. 특별히 일찍 여읜 '엄마'에 대한 간절한 그리움과 기다림의 서정성과 일제강점기에 대한 반항 정신이 교묘하게 배합되어 있다. 금아의 짧고 아름다운 서정시와 수필은 이런 엄혹한 식민지 수탈시대를 견디어 내면서 피어난 사막의 꽃과 열매들이다. 피천득은 1991년 한 신문사와의 대담에서 "겪으신 시대 가운데 [어느 시대개] 최악"인가에 대한 질문에 "나는 일제 말이 최악이었다고 생각합니다. 당시 아무런 희망이 없었어요. 정말 암담했습니다. 생활 자체도 너무 어려웠다."라고 답변했다.

시문집 《산호와 진주》(1969)에서 산호와 진주는 피천득 삶과 문학의 표상이다. 〈서문〉에서 밝혔듯이 산호와 진주는 그의 '소원'이나 그것들은 "바다 속 깊이깊이" 있었고 "파도는 언제나 거세고 바다 밑은 무"서웠다. 산호와 진주는 피천득의 무의식 세계다. 망국민 고아가 거센 파도와 무서운 바다라는 일제강점기의 황량한 역사 속에서 쉽사리 현실을 찾아 나설 수는 없다. 결국, 피천득은 마음속 깊이 묻어둔 생각과 이미지들을 모국어로 주조하여 아름다운 산호와 진주라는 서정적 문학 세계를 창조해냈다. 그는 바다처럼 깊고 넓은 꿈이 있었기에 어두운 현실에 굴복하지 않고 기다리며 문학이라는 치유과정을 거쳐 사무사(思無邪)의 경지에 이르게 된 것이다.

피천득 시와 수필에 자주 등장하는 하늘, 바다, 창공, 학, 종달새 등은 억압된 무의식 세계가 자유를 갈구하는 강력한 흐름으로, 이러한 하강과 상승의 역동적 나선형 구조는 피천득 문학의 토대다. 문인과 학자로서 피천득은 거의 100년 가까이 초지일관 겸손, 단순, 순수를 실천하며 지행합일의 정면교사(正面敎師) 삶을 살았다. 문학은 녹색 식물처럼 궁핍한 시대와 현실에서도 그 토양에서 각종 자양분을 빨아들이고 대기에서 햇빛을 받아들여 생명의 원천인 엽록소를 만들어내는 광합성 작용을 통해 피천득 삶의 뿌리가 내려졌고 아름다운 열매가 맺혔다.

문인 피천득은 1926년 《신민》(新民) 2월호에 첫 시조 〈가을비〉를 발표하였고 1930년 4월 7일 《동아일보》에 첫 시 〈차즘〉(찾음)으로 등단하였다. 1930년대에 《신동아》, 《동광》, 《신가정》 등 신문, 잡지에 시와 시조를 지속해서 발표함으로써 시인으로의 긴 문학 인생을 시작하였다. 그러나 피천득은 일제강점기의 문화억압과 역사침탈이 극에 달했던 1938년부터 1945년 해방 전까지는 글쓰기를 멈추었다. 그에게 이런 절필은 일종의 "소극적 저항"이었다. 해방 후 피천득은 지난 17년간에 걸쳐 쓴 시들을 모아 첫 시집 《서정시집》(상호출판사, 1947)을 펴냈다.

금아 선생의 첫 수필은 1932년 5월 8일자 《동아일보》에 실린 〈은전 한 닢〉이다. 이후 피천득은 시인보다는 〈수필〉, 〈인연〉 등의 수필가로 알려지게 된다. 문학 인생을 시로 시작한 피천득 본인도 이 사실에 아쉬움을 토로한 바 있으나, 사실 그의 서정시와 짧은 서정 수필은 형식과 운율에서 하나가 될 수 있다. 피천득은 첫 시집을 낸 지 12년 만인 1959년 시, 수필, 번역을 묶어 《금아시문선》(경문사, 1959)을 펴냈고, 그 후 다시 10년 뒤 그간에 쓴 시와 수필을 묶어 《산호와 진주: 금아 시문선》(1969)을 일조각에서 냈다. 다시 10여 년 후 1980년 그는 비로소 본격적인 시집 《금아시선》(일조각, 1980)과 수필집 《금아문선》

(일조각, 1980)을 각각 출판했다.

피천득의 작품집 발간의 특징은 매번 새로운 시집이나 수필집을 내기보다 이전 작품을 개정 증보하는 방식이어서 그의 작품집을 보면 문학적 성장과 변화의 궤적이 그대로 드러난다. 초기 서정시와 서정 수필의 기조를 평생 지속한 피천득은 작품 활동한 지 40여 년이 지난 1970년대에 또다시 거의 절필한다. 좋은 작품을 더 이상 쓸 수 없다면 글쓰기를 중지해야 한다고 믿었다. 지나친 결벽성으로 피천득은 아쉽게도 평생 100편 내외의 시집 한 권, 수필집 한 권뿐이라는 지독한 과작(寡作)의 작가가 되었다.

번역은 피천득의 문학 생애에서 매우 중요하다. 피천득은 1926년 9월 《동아일보》에 프랑스 작가 알퐁스 도데의 단편소설 〈마지막 수업〉을 번역하여 4회에 걸쳐 연재하였다. 그는 일제강점기 당시 모국어의 중요성을 알리기 위해 약관 16세 나이에 최초 번역을 발표하였다. 어떤 의미에서 시와 수필을 본격적으로 쓰기에 앞서 번역을 한 셈인데, 피천득은 영문학 교수였지만 번역은 창작과 상호 보완되는 엄연한 문학 행위로 여겼다. 1959년 나온 《금아 시문선》에는 외국시 번역과 자작시 영역을 포함하는 등, 번역을 독립적 문학 활동으로 삼았다. 이런 의미에서 정본(定本) 전집에 번역작업은 반드시 포함되어야 한다. 번역은 피천득에게 외국 문학의 단순한 영향문제보다 모국어에 대한 감수성 제고와 더 깊은 관계가 있으며, 피천득 전집 7권 중 번역이 4권으로 양적으로도 가장 많다. 여기서 번역문학가 피천득의 새로운 위상이 드러난다.

또한, 피천득은 별로 알려지지 않았지만 많은 산문을 썼다. 동화, 서평, 발문, 평설, 논문 등 아주 다양하다. 그동안 우리는 피천득의 '수필'에만 집중했는데, 이제는 그의 '산문'도 읽고 살펴보아야 할 때가 되었다. 사실 문인 피천득은 어떤 한 장르에 매이지 않고 폭넓게 쓴 다면체적 작가다. 하지만 순혈주의에 경도된 우리 문단과 학계는 이러한 다-장르적 문인을 높이 평가하지 않는 경향이 있다. 혼종의 시대인 21세기 예술은 이미 다-장르나 혼합장르가 부상하고 있다. 따라서 피천득 문학을 논할 때 시, 수필, 산문, 번역을 모두 종합적으로 살피는 것이 절대적으로 필요하다.

학자와 문인으로 금아 피천득의 삶은 어떠했던가. 일제강점기 등 험난한 한국 최근세사를 거의 100년간 살아내면서 그는 삶과 문학과 사상을 일치시켰다. 일제강점기의 끝 무렵인 1930년대 말부터 해방될 때까지 상하이 유학을 마치고 돌아온 홍사단우 피천득은 불령선인(不逞鮮人)[반일 반동분자]으로 낙인찍혀 변변한 공직을 얻지 못했다. 일제의 모국어 말살 정책으로 절필하고 금강산에 들어가 1년간 불경 공부하면서 신사참배와 일본식 성명 강요에 굴복하지 않았다. 피천득은 그 후로도 모든 종류의 억압과 착취에 저항하는 정치적 무의식을 지니고 일생 "소극적 저항"의 삶을 유지했다. (순응적 인간보다 저항적 인간을 더 좋아한 피천득은 1970—80년대 대표적 저항 지식인 리영희선생과의 2003년 대담에서 괴테보다 베토벤을 높게 평가했다. 그 이유는 어느 날 그 지역 통치자인 대공(大公)이 탄 큰 마차가 지나가자 괴테는 고개를 숙여 묵례를 올렸으나 베토벤은 그렇게 하지 않았기 때문이다. 피천득이 제일 좋아하는 음악은 베토벤의 것이었고 저항적 인간 베토벤을 더 존경하고 사랑하였다. 피천득은 일제강점기와 그 이후에도 이런 의미에서 "소극적 저항"의 문인이었다.)

2005년에 쓴 〈시와 함께한 나의 문학인생〉은 피천득 문학의 회고

이자 하나의 문학 선언문이다. 인간으로서 문인으로서 선비로서 피천득의 정직하고 검박한 삶은 궁핍한 시대를 살아가는 한 사람으로 우리가 본받을만한 "큰 바위 얼굴"이다. 삶과 문학과 사상이 일치하지 않는다면 그 밖에 모든 문학적 업적이 무슨 소용일까 라는 생각마저 든다. 피천득의 글을 읽을 때 이런 면을 종합적으로 숙고해야 그의 문학 세계를 균형 있고 온전하게 평가할 수 있으리라.

피천득 자신이 직접 밝힌 문학의 목표는 "순수한 동심", "맑고 고매한 서정성", "위대한 정신세계(고결한 정신)"이다. 이 세 가지가 피천득의 시, 수필, 산문, 번역을 지배하는 3대 원칙이고, 그의 삶과 문학의 대주제는 '사랑'이다. 그는 문학의 본질을 '정(情)'으로 보았고 후손들에게 '사랑'하며 살았다는 최종 평가를 받고 싶어 했다. 문학에서 거대담론이나 이념을 추구해보다 가난한 마음으로 보통사람의 일상생활에서 사소하고 작은 것들에 관심과 사랑을 가지고 주위 사람들에게 공감하고 배려하려 애썼다. 피천득은 기억 속에서 과거의 빛나는 순간을 찾아내고 작은 인연이라도 소중히 여기고 가꾸면서 살았다.

나아가 그는 언제나 커다란 자연 속에서 자신의 삶과 문학을 조화시키고 이끌어 가려고 노력했다. 여기서 피천득 문학의 '보편성'이 제기된다. 피천득의 수필집 《인연》이 2005년과 2006년 각각 일본과 러시아에서 번역 소개되었는데, 일본어와 러시아어 번역자는 자국 독자들에게 쉽게 다가갈 수 있는 피천득 수필의 보편성을 언급하였다. 피천득 문학이 더 많은 외국어로 번역 소개된다면 그 보편성은 더욱더 확대될 것이다. 무엇보다도 황폐한 시대와 역사를 위한 피천득 문학의 역할은 치유와 회복의 기능이리라.

결국, 피천득 문학의 궁극적 가치는 무엇인가? 그것은 무엇보다도 그의 시, 수필, 산문, 번역에 풍부하게 편재해 있는 '인간성'에 관한 통찰력에서 오는 보편성 또는 일반성일 것이다. 위대한 문학은 생명공동체인 지구에서 함께 살아가는 인간과 자연 속에서 시간과 장소를 초월하는 일상적 삶의 '구체적 보편성'을 재현하는 것이기 때문이다. 피천득 문학은 이 보편적 인간성 위에 새로운 문화 윤리로 살과 피로 만들어진 인간에 대한 '사랑'(피천득의 '정'이 확대된 개념)을 내세운다. 이러한 소시민적 삶의 보편성은 그의 일상적 삶 속에 스며들어 피천득은 스스로 선택한 가난 속에서 살아가며 계절마다 항상 꽃, 새, 나무, 바다, 하늘, 별 등에 이끌려 살아가려고 노력했다. 피천득의 사랑의 철학은 석가모니의 '대자대비'(大慈大悲), 공자의 '인'(仁), 예수의 '사랑'에서 나온 것이리라. 피천득 문학을 통해 우리는 일상생활에서 사랑을 역동적으로 실천하고 작동시킬 수 있는 추동력을 얻어야 할 것이다.

흔히 피천득은 작고 아름다운 시와 수필을 쓰는 고아하고 조용한 작가로 여겨지고, 격변의 역사를 살았던 그의 문학에 역사의식이나 정치의식이 부족함을 지적받기도 하였다. 한 작가에게 모든 것을 요구할 수는 없겠지만 피천득의 초기 작품부터 꼼꼼히 읽어보면 "조용한 열정"이 느껴진다. 1930년대 《신동아》에 실렸던 시 〈상해 1930〉과 특히 시 〈불을 질러라〉는 과격할 정도이고, 1990년대에 쓴 시 〈그들〉도 치열한 인류 문명과 역사비판이다. 그러므로 우리는 금아 문학을 순수한 서정성에만 가두지 말고 본인이 선언한 일종의 "소극적 저항"을 제대로 짚어내야 한다. 결단코 모국어 사랑, 민족, 애국심을 잃지 않았던 피천득을 균형 있게 이해하고 평가하려면 정치적 무의식을 염두에 두고 피천득 다시 읽기와 새로 쓰기를 위한 일종의 "대화적 상상력"이 필요할 것이다.

　오늘날 피천득 문학은 문단과 학계에서 어떤 평가를 받고 있는가? 피천득의 일부 수필과 번역이 1960년대, 70년대에 국정교과서에 실리기 시작했고 1990년대부터 수필이 대중문학 장르로 부상하면서 피천득 수필의 인기는 "국민 수필가"라고 불릴 정도로 한때 매우 뜨거웠다. 그러나 문단과 학계에서는 타계한 지 15년이 가까워져 오는데도 피천득에 대해 합당한 문학사적 평가가 이루어지지 않는 듯하다.

　그렇다면 저평가의 이유가 무엇일까? 피천득은 술, 담배, 커피를 못하기 때문인지 일체의 문단 활동이나 동인지 운동 등 소위 문단 정치에 참여하지 않았다. 그는 대한민국 예술원 회원 추천도 완강하게 거절하였다. 그를 작가로서 끌어주고 담론화하는 문단 동료나 국문학계 제자가 없는 것이다. 또 다른 이유라면 그가 써낸 작품 수가 매우 적다는 사실이다. 고작해야 시집 1권, 수필집 1권뿐이니 논의하고 연구할 것이 부족하다고 느끼는 것일까? 나아가 장르 순수주의를 높이 평가하는 우리 문단과 학계의 풍토에서 한 장르 전업 작가가 아니고 일생 영문학 교수로 지내며 시, 수필, 산문, 번역의 여러 장르 창작에 종사하였기에 논외로 던져진 것은 아닌지 모르겠다. 그러나 전통 학계에서 아직도 시, 소설 등의 주요 장르와 대비되는 주변부 장르이기 때문인지 그가 이름을 올린 수필 장르에서도 피천득은 진지하게 논의되고 있지 못하다. 이번 일곱 권의 피천득 문학전집 간행을 계기로 이러한 무지와 오해와 편견이 해소되어 피천득이 한국 현대 문단사와 문학사에서 온전하고 합당한 평가를 받게 되기 바란다.

　올해 2022년은 영문학 교수로 지내며 시인, 수필가, 산문가, 번역가로 활동한 금아 피천득 선생이 태어난 지 112년, 타계한 지 15년이 되는 해다. 지금까지 출간된 그의 작품집은 번역까지 포함하여 선별되어 나온 4권뿐이다. 이 작품집들은 일반 대중 독자들에게 많은 사랑을 받아왔으나 고급독자와 연구자들에게는 아쉬움이 많다. 초기에 발표했던 신문, 잡지에서 새로이 발굴된 미수록 작품 다수가 수록되지 않았기 때문이다. 한 작가에 대한 온전한 논의와 연구를 위해 그 선행작업으로 그 작가의 전체작품이 들어있는 정본 결정판이 반드시 마련되어야 하는데 피천득의 경우 아직 마땅한 전집이 없다. 이에 편집자는 전 7권의 피천득 문학 전집을 구상하게 되었다.

편집자는 피천득 탄생 100주년인 2010년부터 10여 년간 피천득 문학 전집을 준비해왔다. 기존의 시집, 수필집, 셰익스피어 소네트집, 번역시집 4권의 작품집에 미수록된 작품들과 새로 발굴된 작품들을 추가했으며, 산문집, 영미 단편 소설집과 《셰익스피어 이야기》를 새로 추가했다. 이 7권의 피천득 문학 전집이 완벽한 결정판 정본(定本, Definitive Edition)은 아니지만 우선 피천득 문학의 전체 모습을 수립하는 데 도움이 되기를 바란다. 이것은 시작이고, 이번 전집은 디딤돌과 마중물에 불과하다. 이 전집은 의도하지 않은 오류가 있을 수 있다. 이 모든 잘못의 책임은 전적으로 편집자인 나에게 있다. 이후에 후학들에 의해 완벽한 결정판 전집이 나오기를 고대한다.

이제《피천득 문학 전집》(전7권) 각 권의 내용을 대략 소개한다.

제1권은 시 모음집이다. 1926년 첫 시조 〈가을비〉와 1930년 4월 7일《동아일보》에 실린 첫 시 〈찾음〉을 필두로 초기 시를 다수 포함하였다. 그리고 지금까지 나와 있는 시집들과 다르게 모든 시를 가능한 발표연대 순으로 배열하였다. 창작시기와 주제를 감안하여 시집의 구성을 1930년대에서 2000년대까지 총 8부로 나누어 묶었다. 이전 시집에 실려있지 않은 일부 미수록 시들 중에는 작품의 질이 문제되는 경우가 있다. 시 창작이 가장 활발했던 1930년대는 아기와 어린이 시, 동물시, 사랑의 시(18편), 번역 개작시(改作詩) 부분을 별도로 구성하였다. 피천득이 특이하게도 에드먼드 스펜서의 소네트 2편과 셰익스피어 소네트 154편 중 6편을 짧은 자유시와 시조체로 번안, 개작한 것도 창작으로 간주하여 이 시집에 실었다. 그것은 피천득의 이런 개작 작업이 단순한 번역 작업이기보다 개작을 통해 원문을 변신시킨 문학 행위로 '창작'이기 때문이다. 이런 노력은 서양의 소네트 형식을 한국시 전통과 질서로 재창조한 참신한 시도로 여겨진다. 이로써 일반독자나 연구자 모두 피천득 시 세계의 확장된 지형(地形)을 알 수 있을 것이다.

제2권은 수필 모음집이다. 기존의 수필집과 달리 본 수필집 역시 앞의 시집처럼 연대와 주제를 고려하여 크게 3부로 나누었다. 이 수필집에는 지금까지 미수록된 수필을 발굴해 실었다. 피천득은 흔히 수필을 시보다 훨씬 나중에 쓴 것으로 알려져 있으나 사실 그는 초기부터 수필과 시를 거의 동시에 창작하였다. 피천득은 엄격한 장르 개념을 넘어 시와 수필을 같은 서정문학으로 보았다. 예를 들어 어떤 수필은 행 갈이를 하면 한 편의 시가 되고, 어느 시는 행을 연결하면 아주 짧은 수필이 된다. 피천득 수필문학의 정수는 한 마디로 '서정성'이다.

제3권은 넓은 의미의 산문 모음집이다. 이 산문집에는 수필 장르로 분류되기 어려운 글과 동화, 서평, 발문, 추천사 그리고 상당수의 평설과 긴 학술논문도 일부 발췌하여 실었다. 여기서도 모든 산문 작품을 일단 장르별로 분류한 다음 발표 연대순으로 실어 일반독자나 연구자들이 일목요연하게 피천득의 산문 세계를 볼 수 있게 했다. 여기 실린 글 대부분이 거의 처음 단행본으로 묶였으므로 독자들에게 피천득의 새로운 산문 세계를 크게 열어 주리라 믿는다.

제4권은 외국시 한역시집인 동시에 한국시 영역시집이다. 피천득은 영미시 뿐 아니라 중국 고전시, 인도와 일본 현대시도 일부 번역하였다. 특히 이 번역집에는 기존의 번역시집과 달리 피천득의 한국시 영역이 포함되었다. 피천득은 1950, 60년대에 자작시 영역뿐 아니라 정철, 황진이의 고전 시조, 한용운, 김소월, 윤동주, 서정주, 박목월, 김남조 등의 시도 영역하여 한국문학 세계화의 역할을 담당했다. 이 부분은 문단과 학계에 거의 처음으로 공개되는 셈이다. 한역이건 영역이건 피천득의 번역 작업은 한국현대문학 번역사에서 하나의 전범이자 시금석이 되고 있다.

제5권은 셰익스피어 소네트 번역집이다. 피천득은 1954~55년 1년간 하버드대 교환교수 시절부터 60년대 초까지 셰익스피어 소네트 154편 전편 번역에 매진하였다. 그 결과 그의 소네트 번역집은 셰익스피어 서거 400주년이 되는 1964년 출간된 셰익스피어 전집(정음사) 4권에 수록되었고, 훗날 단행본으로 출간되었다. 역자 피천득이 직접 쓴 셰익스피어론, 소네트론, 그리고 소네트와 우리 전통 정형시 시조

(時調)를 비교하는 글까지 모두 실었다. 이 번역시집은 일생 셰익스피어를 사랑하고 존경했던 영시 전공자 피천득의 능력이 충분히 발휘된 노작이며 걸작이다. 독자들의 편의를 위해 소네트 영문 텍스트를 행수까지 표시하여 번역문과 나란히 실었다.

제6권은 외국 단편소설 6편의 번역집이다. 이 단편소설 번역은 해방 전후 주로 어린이들과 청소년을 위한 것으로, 피천득은 일제강점 초기부터 특히 어린이 교육에 관심이 높았다. 피천득은 새로운 근대민족 국가를 이끌어갈 어린이들을 제대로 가르치는 일, 특히 문학으로 상상력 함양교육을 강조했다. 1908년 최남선의 한국 최초 잡지 《소년》이 창간되었고, 1920년대부터 소파 방정환의 글을 비롯해 많은 문인이 아동문학에 참여하였다. 이 6편 중 알퐁스 도데의 〈마지막 수업〉과 〈큰 바위 얼굴〉은 개역되어 국정 국어 교과서에 실렸다. 독자들의 편의를 위해 일부 단편소설의 서양어 원문 텍스트를 부록으로 실었다.

제7권은 19세기 초 수필가 찰스 램과 메리 램이 어린이들을 위해 쓴 《셰익스피어 이야기들》의 번역집이다. 램 남매는 셰익스피어의 극 38편 중 사극을 제외하고 20편만 골라 이야기 형식으로 축약, 각색, 개작하여 *Tales from Shakespeare*(1807)를 펴냈다. 피천득은 1945년 해방 직후 경성대 예과 영문학과 교수로 부임한 뒤 어렵지 않은 이 책을 영어교재로 택했고, 그후 서울 시내 대학의 영어교재로 이 책이 많이 채택되었다고 한다. 피천득은 이 책을 영어교재로 가르치면서 틈틈이 번역하여 1957년 단행본으로 출간하였는데, 기이하게도 이 번역본을 아무도 주목하지 않았다. 그동안 별로 알려지지 않았던 번역문학자 피천득의 위상을 이 번역본이 다시 밝혀주는 계기가 되기를 기대한다. 번역본의 작품배열 순서가 원서와 약간 다르나 역자 피천득의 의도를 존중해 그대로 두었다. 또한 번역문은 현대어법에 맞게 일부 수정하였음을 밝힌다.

각권마다 끝부분에 비교적 상세한 '작품 해설'을 달았다. 피천득을 처음 읽는 독자들에게 도움이 되었으면 좋겠다.

지난 수십 년 동안 편집자가 금아 피천득을 계속 읽고 꾸준히 글을 쓰는 것은 나 자신을 갱신하고 변신시키기 위함이었다. 나는 금아 선생을 사랑하고 존경하는 대학 제자이고 애독자지만 금아 선생을 닮은 구석이 하나도 없어 항상 부끄럽다. 주로 학술 논문만을 써온 나는 단순하지 않고 복잡하고 여유도 모르고 바쁜 삶을 살아왔다. 글도 만연체라 재미없고 길기만 하다. 나의 어지러운 삶과 둔탁한 글에 금아 선생은 해독제(antidote)이다. 정면교사이신 금아 선생의 순수한 삶과 서정적 글을 통해 방만한 나의 삶과 복잡한 나의 글을 정화해 거듭나고 변신하고 싶다. 이번 금아 피천득 문학 전집(전 7권)을 준비해온 지난 십수 년은 내가 닮고 싶은 피천득의 길로 들어가는 "좁은 문"을 위한 하나의 단계에 불과하다. 앞으로 여러 단계를 거친다면 금아 피천득의 삶과 문학의 세계로 조금이라도 다가갈 수 있을까?

이 책을 준비하는데 많은 분들의 도움이 있었다. 우선 금아피천득선생기념사업회의 일부 재정지원이 있었다. 변주선 전 회장, 조중행 회장, 그리고 피천득 선생의 차남 피수영 박사, 수필가 이창국 교수의 실질적 도움과 끊임없는 격려가 없었다면 이 전집은 출간되지 못했을 것이다. 또한 이 전집을 위해 판권을 흔쾌히 허락해주신 민음사(주)에도 고개 숙여 감사드린다. 최종적으로 출간을 맡아주신 지난날 피천득 선생님과 친분이 두터우셨던 범우사 윤형두 회장을 비롯해 윤재민 사장, 김영석 실장, 신윤정 기자 그리고 윤실, 김혜원 선생에게 큰 고마움을 전한다.

그리고 마지막 단계에서 피천득문학전집 간행위원회에서 출판 후원금 모금 등 열성적으로 도움을 베풀어주신 변주선 위원장님, 서울대 영어교육과 동창회장 김선웅 교수와 영어교육과 안현기 교수, 그리고 총무 최성희 교수에게 깊은 감사를 드린다.

끝으로 물심양면으로 헌신하시는 금아피천득선생기념사업회의 초대 사무총장 구대회 선생과 현 사무총장 김진모 선생님께도 뜨거운 인사 드린다. 아울러 이 전집 발간을 위해 기꺼이 기부금을 희사하신 많은 후원자님들께도 큰 절을 올린다.

지난 십여 년간 이 전집을 위해 자료 수집과 입력 등으로 중앙대 송은영, 정일수, 이병석, 허예진, 김동건, 권민규가 많이 애썼다. 그리고 지난 10여 년 간 아내의 조용하지만 뜨거운 성원도 큰 힘이 되었다.

많이 늦었지만 이제야 전 7권의 문학 전집을 영원한 스승 금아 피천득 선생님 영전에 올려드리게 되어 송구할 뿐이다.

피천득 선생 서거 15주기를 맞아
2022년 5월
남산이 보이는 상도동 우거에서
편집자 정정호 삼가

차 례

일러두기 · 4
머리말 : 피천득 문학 전집(전7권)을 내면서 · 5
역자 서문 : 셰익스피어 · 21
역자 해설 : 소네트에 대하여 · 23
          소네트 시집 · 29
저자의 말 · 34
화보 · 35

셰익스피어 소네트 1~154편 · 41

셰익스피어 연보 · 350
피천득 연보 · 354
작품 해설 · 358
피천득 문학 전집 출판지원금 후원자 명단 · 386

역자 서문

셰익스피어

　윌리엄 셰익스피어(William Shakespeare)는 1564년 4월 23일 영국 중부 한 작은 촌, 스트래트포드에서 출생하였다. 부친은 한때는 상당한 상인(商人)이었으나 몰락하여, 윌리엄은 13세에 초등학교를 퇴학하였다. 18세 때 아마 강제로 자기보다 여덟 살이나 연상인 여자와 결혼하여 첫딸과 쌍둥이 남매를 두었다. 1586년 그가 22세 때 불분명한 이유로 혼자서 런던으로 달아났다.

　런던에서 그는 극단과 극장에 투신하여 배우 노릇을 하고, 1590년경부터는 극작을 하여 명성과 재산을 얻게 되었다. 1613년 그의 나이 49세 때 고향으로 은퇴한 그는 1616년 53세로 세상을 떠났다. 그는 만고의 걸작인 30여 편의 희극·비극·역사극, 그리고 수편의 서사시와 자기 사생활을 엿볼 수 있는 〈소네트〉들을 썼다.

　우리가 흔히 듣는 말로, 인도는 내놓을지언정 셰익스피어는 안 내놓겠다고 한 카알라일의 명언은 인도가 독립할 것을 예상하고 한 말은 아니요, 셰익스피어의 문학적 가치가 영국이 인도에서 향유하던 막대한 정치적 경제적 가치보다도 더 크다는 것을 말하였던 것이다.

셰익스피어를 가리켜 '천심만혼(千心萬魂)'이라고 부른 비평가도 있고, 한 그루의 나무가 아니요 '삼림(森林)'이라고 지적한 사람도 있다.

우리는 그를 통하여 수많은 인간상을 알게 되며 숭고한 영혼에 부딪치는 것이다. 그를 감상할 때 사람은 신과 짐승의 중간적 존재가 아니요, 신 자체라는 것을 느끼게 된다.

그는 우리를 몰라도 우리는 언제나 그의 이야기를 들을 수 있다. 이런 점에서 그는 세대를 초월한 영원한 존재이다. 그의 이야기를 듣는 데는 노력이 요구된다. 그러나 이는 너무나 큰 보상을 주는 노력이다.

마음 내키는 때 책만 펴면 〈햄릿〉, 〈포올스타프〉, 애런한 〈오필리어〉, 속세의 티끌 하나 없는 〈미랜다〉, 무던한 마음의 화신인 〈커어디리어〉, 지혜로우면서도 남성이 되어버리지 않은 〈포오셔〉, 멜로디와 향기로 창조한 〈에어리엘〉이 금시 살아서 뛰어나오는 것이다.

셰익스피어는 때로는 속되고, 조야하고, 쌍스럽기까지 하다. 그러나 그의 문학의 바탕은 사랑과 미다. 그의 글 속에는 자연의 아름다움, 풍부한 인정미, 영롱한 이미지, 그리고 유머와 아이러니가 넘쳐흐르고 있다. 그를 읽고도 비인간적인 사람은 없을 것이다.

〈한여름 밤의 꿈〉〈마음에 드시는 대로〉〈태풍(颱風)〉 같은 극을 좋아하는 사람은 마음이 나빠도 한도가 있을 것이다.

콜리지는 그를 가리켜 '아마도 인간성이 창조한 가장 위대한 천재'라고 예찬하였다. 그 말이 틀렸다면 '아마도'라는 말을 붙인 데 있을 것이다.

역자 해설

소네트에 대하여

　　소네트(Sonnet)는 이태리·프랑스·스페인·영국 등 여러 나라의 시형(詩型)으로 약 13세기경 이태리나 프랑스에서 시작되었다고 한다.
　　영국에서는 16세기 엘리자베스 조(朝) 때 이태리로부터 들어와 성왕하게 되기 시작하였다. 필립 시드니(Philip Sidney, 1554~86), 에드먼드 스펜서(Edmund Spenser, 1552~99), 셰익스피어(Shakespeare) 등이 당시 유명한 소네트 작가들이며, 현대 시인들에 이르기까지 많은 시인들이 소네트를 써왔다. 소네트는 영국에 있어 가장 정형적(定型的)인 시형이다. 소네트는 14행으로 되어 있으며 1행은 10개의 음절(音節), 즉 엄밀히 말하면 약강 5보격(iambic pentameter)으로 되어 있다. 아이앰빅(iambic)이란 말은 액센트가 약강으로 된 운각(韻脚, foot)을 말하며, 이 운각이 다섯 개로 된 것을 약강 5보격이라고 한다. 무운시(blank verse)나 영웅시격(heroic couplet)을 위시하여 영국의 대부분의 시행(詩行)은 이 약강 5보격으로 되어 있다.
　　영국에 있어서 소네트는 두 가지 형이 있는데, 하나는 이태리형 소네트요 다른 하나는 영국형 소네트이다. 이태리형 소네트는 피트

라칸 소네트(Petrarchan sonnet)라고도 하며, 영국형 소네트는 셰익스피리언 소네트(Shakespearian sonnet)와 스펜시리언 소네트(Spenserian sonnet)의 두 가지 타입이 있다. 이태리형 소네트는 옥타브(Octave)라 부르는 전장(前章) 8행과 세스텟(Sestet)이라 부르는 후문장(後文章) 6행으로 되어 있다.

이 옥타브와 세스텟은 그 라임(rhyme)이 abba/abba/cde(후장의 세스텟에 있어서는 cdcdcd 또는 cde/cde로 변하기도 한다)로 되어 있다. 영국형 소네트에 있어서는 4행씩으로 된 세 분단이 전장이 되고 마지막 두 줄이 후장이 된다. 그 라임은 셰익스피리언 소네트에 있어서는 abab/cdcd/efef/gg로 되어 있고, 스펜시리언 소네트에 있어서는 abab/bcbc/cdcd/ee로 되어 있다. 이태리형에 있어서는 전장에서 일으켜진 시상이 후장에 와서 결(結)을 보게 된다. 다시 말하면 전장에서 지시된 문제나 서술이 후장에서 풀리고 대답되는 것이다. 마치 바다의 물결이 들이쳤다가 다시 바다로 나가는 것과 같다고 할 수 있다. 영국형 소네트에 있어서는 한시(漢詩) 절구(絶句)에 있어서의 기승전결과 같이 먼저 세 분단(分段)에서 전개된 상(想)이 마지막 두 줄에 와서 클라이맥스적인 안정을 갖게 되는 묘미가 있다. 일반적으로 영국형은 우아하고 재치 있고, 영시에 있어서의 이태리형은 정중하고 심각하다.

마치 시조를 풍월이라고 하듯이 소네트를 시의 스포츠라고 말한 사람이 있다. 즉 가벼운 장난이나 재담이란 말이다. 사실 엘리자베스조 소네트 속에는 가볍고 재치 있는 말재주들이 있다.

그러나 엄숙하고 심원한 사상을 밀턴이나 워즈워스는 소네트로 발표하였다. 또 소네티어(Sonneteer)라고 낮춰 불러 소네트 작가들은 멸시하는 때도 있었다. 그래서 워즈워스는 〈소네트 작가를 멸시하지 말라〉는 소네트까지도 쓴 일이 있다. 소네트라고 하여 시형(詩型)에다 말만 채워 넣어 기계적인 빈약한 것들을 써낸 사람들이 있었기 때문이다. 우리나라 시조(時調)에도 한시를 그냥 가져오거나 한시에다 토를 달거나 유교적 윤시(倫詩)를 나열한 것들이 많아, 시라고 할 수 없는 것들이 있는 것과 마찬가지이다.

소네트는 한순간의 기념비(記念碑)란 말이 있다. 소네트가 단일하고 간결한 시상(詩想)을 담는 형식이므로 이 순간의 기념비란 말에 진리가 없는 바는 아니나, 이 순간적 표현으로 시상이 결정화되기까지에는 뿌리 깊은 상(想)이 오래 숨어 있다가 되나오는 수가 많다. 소네트가 너무 짧아서 심원한 상을 담기 어려운 감도 있으나 소네트들의 연결, 즉 시퀀스 오브 소네트(Sequence of sonnets)를 쓸 수도 있다. 시드니(Sidney)의 〈별의 애인(愛人)과 별(Astrophel and stella)〉, 스펜서(Spenser)의 〈사랑(Amoretti)〉, 또 브라우닝 부인(夫人 · Mrs. Browning)의 〈포르투갈어에서 번역된 소네트(*Sonnets from the Portuguese*)〉, 크리스티나 로제티(Christina Rossetti)의 〈이름 없는 귀부녀(貴婦女)(Monna Innominata)〉 등이 있다. 소네트 오브 소네트(Sonnet of sonnets)라고 하여 열두 개의 소네트를 연결시킬 수도 있다.

우리나라 시조에서 과거에 퇴계(退溪) 〈도산십이곡(陶山十二曲)〉, 율곡(栗谷)의 〈고산구곡(高山九曲)〉, 윤고산(尹孤山)의 〈오우가(五友歌)〉, 근래에 와서 춘원(春園) · 노산(鷺山) · 가람 같은 분들의 연시조(聯時調)를 연상케 한다. 이런 경우에 있어 시조 하나하나가 서로 의존하지 아니하고 독립해서 존재할 수 있으며, 또한 연결 속에 통일성을 가져야 하는 것과 같이 시퀀스 오브 소네트에서도 그러하다.

소네트는 엄격한 정형시이기 때문에 시인은 표현에 있어 많은 제한을 받게 된다. 즉 압축된 농도 진하고 간결한 표현을 하기 위하여 모든 시적 기교를 부려야 한다. 그리고 소네트는 시상(詩想)의 집중체(集中體)이므로 한 말 한 말이 다 불가결한 것이라야 하며 존재의 이유가 있어야 한다. 감정이나 사상의 무제한한 토로가 아니고 재고 깎고 닦고 들어맞춘 예술품이라야 한다. 이런 시형에 맞추느라고 노력하는 중에 뜻하지 아니한 좋은 표현을 할 수도 있다. 수백 년간 지켜내려온 소네트형에는 영국 민족에게 생리적으로 부합되는 무슨 자연성이 있는가 싶다.

그러기에 대시인 셰익스피어는 154편의 소네트를 썼으며, 워즈워스는 5백 수(首)를 넘어 쓰고, 밀턴과 키츠도 많은 위대한 소네트를 썼다. 시드니・스펜서・셰익스피어 등 엘리자베스 조 소네트 작가들은 영국형 소네트를 썼으며, 밀턴과 워즈워스는 이태리형을 더 좋아하였고, 키츠는 두 형을 다 같이 아울러 잘 썼다. 아무려나 16세기부터 현대에 이르기까지 소네트는 영국에서 가장 많이 사용한 정형적 시형이다.

특히 여류시인들이 소네트를 사랑하여 엘리자베스 브라우닝(Elizabeth Browning)・크리스티나 로제티(Christina Rossetti), 현대에 이르러 에드나 빈센트(Edna Vincent)・밀레(Millay) 등이 많은 아름다운 소네트를 썼다. 그들은 우리나라의 황진이(黃眞伊)를 생각케 한다.

끝으로 소네트와 우리 시조를 비교하여 본다면, 첫째 둘 다 유일한 정규적(定規的) 시형(詩型)으로 수백 년간 끊임없이 사용되었다는 점, 둘째 많은 사람들이 써왔다는 점이 같고, 영국에 있어서 시인 아닌 사람들도 소네트를 써왔으며, 우리나라에 있어서도 학자나 시인 이외에 임금으로부터 서민에 이르기까지 시조를 써왔다. 현존(現

存) 시조가 2천 수(首)밖에 안 되나 그 중에 작자 미상을 제외하고 알려진 작자만 해도 2백 명을 초과한다. 셋째 소네트에 있어서나 시조에 있어서나 전대절(前大節)과 후소절(後小節)이 내용에 있어서나 형식에 있어서나 확실히 구분되어 있다. 특히 영국형 소네트는 우리나라 시조와 매우 같다 할 것이며, 소네트의 마지막 두 줄은 시조의 종장(終章)에서와 같이 순조로운 흐름을 깨뜨리며 비약의 미(美)와 멋을 보여주는 것이다. 넷째 내용에 있어 소네트나 시조 모두 다 애정을 취급한 것이 많다. 엘리자베스 조 소네트의 거의 대부분은 사랑을 취급하였으며, 후세의 시인이 사랑에 대하여 읊을 여지가 없이 만들어놓았다는 말까지 있다. 우리나라 시조로 말하더라도 시조류이(詩調類耳) 1405수 중 조윤제(趙潤濟) 박사의 통계에 의하면 352수가 남녀의 사랑과 이별 사상을 취급하였다.

소네트와 시조의 상이점을 들어본다면, 엇시조나 사설시조를 제외하고는 평시조 한 편만을 소네트와 고려할 때 시형의 폭이 좁다고 할 것이요, 따라서 시조에서는 시상의 변두리만 울려 여운을 남기고, 소네트에 있어서는 적은 스페이스(지면의 여백) 안에서도 설명과 수다가 많다. 영시(英詩)에 있어서도 자연의 미(美)는 가장 중요한 미의 하나를 차지하고 있지마는, 시조에 있어서와 같이 순수한 자연의 미를 예찬한 것이 드물다. 시조는 폐정(閉靜)과 무상(無常)을 읊는 것이 극히 많으며, 한(恨) 많고 소극적이나 소네트의 시상은 낙관적이며 종교적 색채를 가진 것이 많다.

소네트나 시조나 복잡다단한 현대 생활에서, 시의 주류적인 역할은 할 수 없으나 마땅히 일면을 차지하고 나갈 것이다. 서양인 생활에도 소네트 시형에 맞는 면이 있고, 시조에도 우리의 생리와 조화되는 점이 지금도 있을 것이다. 시조의 경지는 초현실주의(Surrealism)나 실존주의(Existentialism)보다는 더 가까운 데가 있다.

소네트 시집

셰익스피어의 작품 전부를 시(詩)라고 할 수 있다. 그러나 극이 아닌 시로 가장 중요한 것은 〈소네트 시집(the Sonnets)〉이다. 물론 셰익스피어의 극 속에 들어 있는 수많은 노래들도 문학적 가치가 있는 아름다운 것들이다. 또 그에게는 〈비너스와 아도니스〉(Venus and Adonis) 그리고 〈루크리스(Lucrece)의 능욕(凌辱)〉 등 중요한 두 서사시(敍事詩)와 기타 3, 4종이 있으나, 셰익스피어의 작품으로는 손색이 있는 것들이다.

소네트는 영국 문학에 있어 가장 정형적인 시형이다. 소네트는 14행으로 되어 있으며, 1행은 아이앰빅 펜타미터로 되어 있다. 아이앰빅은 액센트가 약강으로 된 운각을 말하며 이 운각이 다섯 개로 된 것을 아이앰빅 펜타미터라고 한다. 소네트에는 이태리형과 영국형 2종이 있다. 이태리형은 14행이 8행의 전대절(前大節)과 6행의 후소절(後小節)로 이루어진다. 전절(前節)에서 일으켜진 시상(詩想)이 후절에 와서 결(結)을 보게 된다. 영국형 소네트에는 또 셰익스피리언 소네트(Shakespearian sonnet)와 스펜시리언 소네트(Spenserian sonnet)의 두 가지

타입이 있으나, 거의 비슷하다.

　영국형 소네트는 14행이 나뉘어져서 4행씩으로 세 분단이 전장이 되고 마지막 2행이 후행이 된다. 이 4행씩의 세 분단은 내용적 구분으로, 겉으로는 나타나 있지 않고, 마지막 2행만이 표시되어 있다. 마치 한시의 절구에 있어서의 기승전결과 같이, 먼저 세 분단에서 전개된 상(想)이 마지막 두 줄에 와서 클라이맥스적인 안정을 갖게 되는 묘미가 있다. 이 마지막 두 줄은 우리나라 시조의 후장(後章)에서와 같이, 순조로운 흐름을 깨뜨리며, 비약(飛躍)의 미(美)와 멋을 보여주는 것이다.

　셰익스피어의 이 〈소네트 시집〉은 전부 154편으로 대개 1590년대부터 1609년 사이에 창작된 것들이다. 초판이 발행된 것이 1609년이다. 편자(編者)라고 인정되는 T.T.(Thomas Thorpe)가 쓴 헌정사는 왜 셰익스피어 자신이 아니 썼는지, 또 헌정의 상대인 W.H.가 누구인지 아직도 의문시되고 있다. W.H.는 펨브룩 백작인 윌리엄 허버트(William Herbert, Earl of Pembroke)라는 설이 유력하기도 하나, 확실하지는 않다.

　이 〈소네트 시집〉은 그 이야기의 줄거리는 대단히 단순하며, 인물은 시인인 작가와, 그의 고귀하고 수려한 젊은 친구와, 살결이 희지 않고 눈과 머리털이 검은 여인(a dark lady)의 세 사람이다. 시인은 그의 친구를 끔찍이 아끼고 사랑한다. 그 사랑은 우정 이상의 것으로, 마치 애인에게 주는 것과 같다. 그런데 그 친구는 그를 배반하고 시인에게서 '검은 여인'을 빼앗아간다. 시인은 일시 몹시 상심하나, 관대 이상의 관대한 마음으로 다시 친교를 회복한다. 그는 그 여인을 악마라고까지 비난하나, 자기 친구는 유혹받은 천사로 여긴다.

　이 등장인물이 실제로 누구인지 확실치 않다. 학자들은 전기적 흥미를 가지고 연구하여 왔으나, 만족할 만한 해답에 도달하지 못하였다. 가장 유력한 학설은 '사우스앰프턴(The Southampton Theory) 이론'과 '펨브로크(The Pembroke Theory) 이론'의 두 설이다. 사운드앰프턴 백작은 본명 헨리 라이오테슬리(Henry Wriothesly, 1573~1624)로, 셰익스피어의 후원자였다. 그는 우아수려(優雅秀麗)했으며, 문학 애호자였으며, 1593년 셰익스피어는 그에게 〈비너스와 아도니스〉, 그 이듬해에 〈루크리스〉를 헌정하였다. 그는 셰익스피어보다 나이가 아홉 살 아래이며, 〈소네트 시집〉 124편 1행에 언급된 'child of state'이기도 하였다.

　〈소네트 시집〉을 헌정받은 W.H.도 헨리 라이오테슬리의 H.W.를 일부러 거꾸로 W.H.로 썼다는 설도 있다.

　펨브로크 이론은, 〈소네트 시집〉의 주인공인 시인의 친구는 펨브로크 백작인 윌리엄 허버트(1580~1630)라는 것이다. 허버트는 당시 일반의 경애를 한몸에 지니고, 엘리자베스 여왕의 총애를 받던 사람이다. 그의 나이는 셰익스피어보다 16세 아래다. 그는 엘리자베스 여왕의 메이드 오브 아너(Maid of honour, 우리나라의 궁빈(宮嬪)과 같은 관직)인 메리 필튼(Mrs. Mary Filton)에게 연정을 가져 사생아까지 낳게 되었다. 그 결과로 둘 다 조정에서 추방되고, 일시 투옥까지 당하였었다. 이 여인이 바로 〈소네트 시집〉의 '검은 여인'이라고 말하는 학자들도 있다. 그리고 윌리엄 허버트와 시인의 친구와 〈소네트 시집〉을 헌정받은 W.H.는 동일인이라는 설이 또한 유력하다. 어쨌든 이 두 파는 아직도 논쟁을 하고 있다. 그 외에도 여러 다른 주장들이 있어 흥미를 끌고 있다.

　〈소네트 시집〉은 2부로 나뉘어지는데, 제1부(1~126)는 시인이 주로 젊은 친구에게 찬사와 충고를 주며, 제2부(127~154)에서는 주로 여인의 미(美)를 예찬하고 그의 부정(不貞)을 비난한다. 이 구분은 그다지 정당한 것은 아니다. 제1부 중 약 80편의 소네트들은 대명사와 기타 용어로 남성에게 말한 것이 증명되나, 나머지 40편에는 성별이 나타나 있지 않다. 소네트 105, 116, 119, 121같이 명상적 독백도 있고 66, 123같이 죽음이나 세월에게 향하여 기원하는 것도 있다. 제2부 역시 이색적인 것들이 있으며, 특히 마지막 153, 154 두 편은 희랍시대의 전설을 소재로 한 시를 영어로 자유역(自由譯)한 것들이다. 제1부 소네트 1로부터 17까지는 친구에게 결혼하기를 권하는 것이 주제로 된 것들인데, 좀 지리한 감을 준다.

　〈소네트 시집〉은 연가(連歌)이나, 연결된 이야기로는 명료하지 않은 점이 있다. 어떤 시편(詩篇)은 거의 관련성이 없기도 하다. 이 〈소네트 시집〉 각편(各篇)은 큰 우열의 차를 가지고 있다. 어떤 것들은 다만 기교(技巧) 연습에 지나지 않고, 좋은 것들은 애정의 환희와 고뇌를 우아하고 재치 있게 표현하였으며, 그 속에는 진실성과 심오한 철학이 있다.

　이 〈소네트 시집〉은 같은 빛깔이면서도 여러 종류의 구슬이 섞여 있는 한 목걸이로 볼 수도 있고, 독립된 구슬들이 들어 있는 한 상자라고 할 수도 있는 것이다.

　그의 친구의 아름다움이 과장되어 있으며, 수다스러우면서도 너무 단조롭기도 하다. 그러나 우정 또는 애정이 이리도 숨김없이 종횡무진하게 토로된 것은 드물 것이다. 여기에는 단순과 기교가 조화되어 있으며, 대부분의 시편들이 우아명쾌(優雅明快)하다.

특히 좋은 시편들은 영문학사상 가장 위대한 걸작품으로, 제12, 15, 18, 25, 29, 30, 33, 34, 48, 49, 55, 60, 66, 71, 73, 97, 98, 99, 104, 106, 107, 115, 116, 130, 146 등이 여기에 속한다.

피천득(皮千得) 씀

화 보

금아 피천득

윌리엄 셰익스피어(William Shakespeare, 1564~1616)

1609년 4절판《셰익스피어 소네트》표지

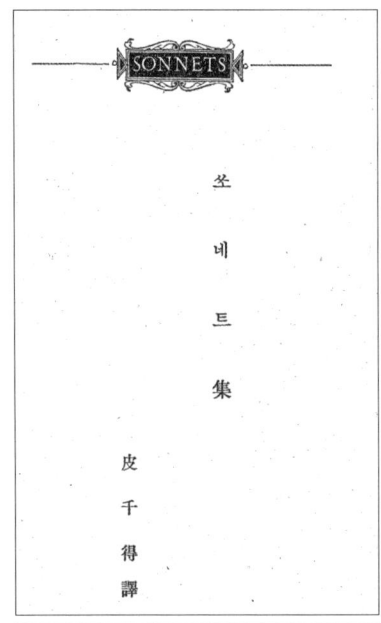

《셰익스피어 전집》
(정음사, 1964) 제4권에 실린
소네트 번역집 첫 표지.

단행본으로 처음 출간된
《셰익스피어의 쏘네트 시집》
(정음사, 1975) 표지.

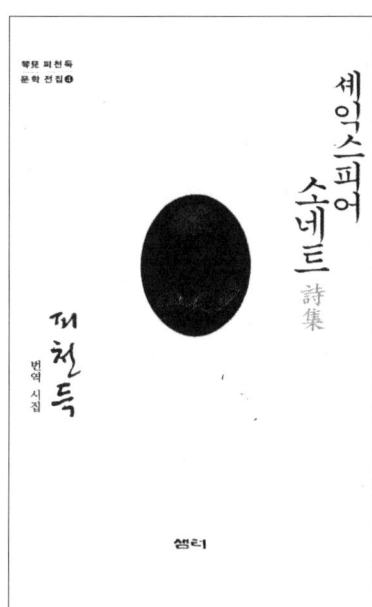

단행본
《셰익스피어 소네트 시집》
(샘터, 1996) 표지.

단행본
《셰익스피어 소네트》
(민음사, 2018) 표지.
(이 번역 시집에는 처음으로 소네트
영어 원문 154편이 번역문과
나란히 실려있다.)

저자의 말

다음에 오는 소네트들의 유일한 획득자인 W. H. 에게

영생의 시인에 의하여 약속된 모든 행복과 불멸을

호의를 가진 과감한 출판자는 바라노라.

— T. T.

셰익스피어 소네트

1

가장 아름다운 사람에게서 번식을 바람은,
미美의 장미*를 죽이지 않게 하려 함이라.
세월이 가면 장년壯年은 죽나니.
고운 자손이 그의 모습을 계승할지라.
그러나 그대는 자신의 찬란한 눈과 약혼하여,
자신을 연료로 태워 그 불꽃을 불붙게 하고 있도다.
풍요가 있는 곳에 기근饑饉을 만들고,
적敵인 양 자신에게 너무도 가혹하여라.
이 세상의 싱싱한 장식품이요
찬란한 봄의 유일한 전령인 그대는,
가진 전부를 자신의 꽃봉오리 속에 묻어버리고,
아낀다는 그것이 낭비를 함이로다. 아, 마음 고운 인색한 이여.
  세상을 동정하라 안 하려거든 걸귀가 되어,
  모든 것을 무덤과 함께 먹어버리라.

---

* 미의 장미 : 미(美)의 극치(極致)

1

    From fairest creatures we desire increase,
    That thereby beauty's rose might never die,
    But as the riper should by time decease
4   His tender heir might bear his memory:
    But thou, contracted to thine own bright eyes,
    Feed'st thy light's flame with self-substantial fuel,
    Making a famine where abundance lies—
8   Thyself thy foe, to thy sweet self too cruel.
    Thou that art now the world's fresh ornament
    And only herald to the gaudy spring
    Within thine own bud buriest thy content,
12 And tender churl mak'st waste in niggarding.
       Pity the world, or else this glutton be—
       To eat the world's due, by the grave and thee.

2

사십의 성상星霜이 그대의 이마를 에워싸고,
그대의 아름다운 얼굴에 도랑을 팔 때가 오면,
지금은 이렇게 사람의 눈을 끌던 청춘의 자랑스런 활옷은
가치 없는 누더기가 되어버리리라.
그때, 그대의 미美는 어디 갔으며,
한창 시절의 보배는 다 어디 있느냐는 물음에
움푹 들어간 그대의 눈 속에 있다고 대답하는 것은,
제 입만 아닌 치욕이요 낭비한 것을 뽐내는 것이다.
그때 그대가 '내 고운 아이가, 내가 받은 미의 값을 치르고,
늙음을 변호한다'고 대답할 수 있다면,
그 아이의 미가 그대의 유전인 것을 증명하면서,
그대의 미의 선용善用이 얼마나 칭찬을 받을 것인가!
　그 아이야말로 그대가 늙었을 때 젊게 해주고,
　피가 차가워질 때 피가 따뜻함을 인식하게 하리라.

2

    When forty winters shall besiege thy brow
    And dig deep trenches in thy beauty's field,
    Thy youth's proud livery, so gazed on now,
4 Will be a tottered weed of small worth held.
    Then being asked where all thy beauty lies—
    Where all the treasure of thy lusty days—
    To say within thine own deep-sunken eyes
8 Were an all-eating shame and thriftless praise.
    How much more praise deserved thy beauty's use,
    If thou couldst answer, "This fair child of mine
    Shall sum my count and make my old excuse"—
12 Proving his beauty by succession thine.
        This were to be new made when thou art old,
        And see thy blood warm when thou feel'st it cold.

3

눈앞의 거울을 들여다보고 그대의 얼굴에게 이르시라.
이제 이 얼굴이 또 하나의 얼굴을 형성할 때가 왔노라고.
지금 새롭게 하여 재생再生시키지 않으면
그대는 세상을 기만하고 한 모성母性의 축복을 뺏는 것이라.
그대에게 첫 가래질 받는 것을
천히 여길 여성이 어디 있으리요?
또 그리고 남자로서 누가 자애自愛의 무덤에 묻혀,
후손의 대代를 끊으리요?
그대는 어머니의 거울이니, 어머니는 그대를 보고
그의 청춘의 아름다운 4월을 다시 찾으리라.
그대는 노경老境에 자식을 통하여
주름살이 잡히더라도 다시 황금시대를 볼 것이라.
  그러나 그대가 잊어버려질 생애를 살고,
  독신으로 죽는다면 그대의 모습도 같이 죽으리.

3

     Look in thy glass and tell the face thou viewest,
     Now is the time that face should form another,
     Whose fresh repair if now thou not renewest,
4   Thou dost beguile the world, unbless some mother.
     For where is she so fair whose uneared womb
     Disdains the tillage of thy husbandry?
     Or who is he so find will be the tomb
8   Of his self-love to stop posterity?
     Thou art thy mother's glass, and she in thee
     Calls back the lovely April of her prime;
     So thou through windows of thine age shalt see,
12   Despite of wrinkles, this thy golden time.
         But if thou live rememb'red not to be,
         Die single and thine image dies with thee.

4

미모를 낭비하는 그대여, 왜 그대는 미의 유산을,
자기 일대에만 소비하느뇨?
자연의 유산은 아주 주는 것이 아니고 빌려주는 것.
그는 관대함으로 해서 관대한 사람에게 빌려주느니.
아름다운 인색자吝嗇者여, 그대는 왜 전傳하라고 주어진
풍성한 미를 남용하느뇨?
이득 없는 대금업자여, 왜 그대는 그렇게 큰 금액을 쓰면서
오래 살지 않느뇨?
그대는 자기에게만 관심을 가짐으로써
자기 자신의 미를 스스로 저버리도다.
그러니 자연이 그대의 돌아갈 것을 명령할 날.
어떻게 그대는 시인是認받을 계산서를 남겨 놓으려느뇨?
　　그대의 쓰지 못한 미는 그대와 함께 묻힐 것이라.
　　그것이 사용됐던들 유언 집행자가 되어 사올 것을.

4

    Unthrifty loveliness, why dost thou spend
    Upon thyself beauty's legacy?
    Nature's bequest gives nothing but doth lend,
4   And being frank she lends to those are free.
    Then beauteous niggard why dost thou abuse
    The bounteous lárgess given thee to give?
    Profitless usurer, why dost thou use
8   So great a sum of sums yet canst not live?
    For having traffic with thyself alone,
    Thou of thyself thy sweet self dost deceive.
    Then how when nature calls thee to be gone,
12 What ácceptable audit canst thou leave?
        Thy unused beauty must be tombed with thee,
        Which usèd lives th' executor to be.

5

모든 사람의 시선을 끌던,
아름다운 모습을 만들어 '시간'은,
바로 그 모습에 대하여 폭군暴君의 역할을 하여,
뛰어난 미를 불미不美스럽게 만들도다.
부단히 흐르는 시간은 여름을
무서운 겨울로 이끌고 가서는 그를 소멸시키며,
수액樹液은 서리를 맞고 생생한 잎새들은 사라져,
미는 눈에 덮여 모든 곳은 황량하여라.
그때 만약 여름의 증류물蒸溜物인 그 액체의 포로가
유리병 속에 남아 있지 않는다면,
미의 소산所産도 미와 같이 빼앗기고,
미도 그 미의 기억도 잃어버리리라.
    그러나 증류가 되면 겨울이 오더라도,
    꽃은 그 형체 잃지만 본질은 영원히 향기로우리라.

5

     Those hours that with gentle work did frame
     The lovely gaze where every eye doth dwell
     Will play the tyrants to the very same
4   And that unfair which fairly doth excel:
     For never-resting time leads summer on
     To hideous winter and confounds him there,
     Sap checked with frost and lusty leaves quite gone,
8   Beauty o'ersnowed and bareness everywhwere.
     Then were not summer's distillation left
     A liquid pris'ner pent in walls of glass,
     Beauty's effect with beauty were bereft,
12   Nor it nor no remembrance what it was.
         But flow'rs distilled, though they with winter meet,
         Leese but their show, their substance still lives sweet.

6

그러니 엄동嚴冬의 거친 손으로
그대의 여름을 상하지 못하게 하라, 그대 증류되기 전에.
한 고운 병을 만들어 거기에 미의 보배를 저장하라,
그것이 자멸自滅되기 전에.
이런 활용은 금제된 고리업高利業이 아니고,
즐거이 빚지고 갚는 자에 행복을 주도다.
또 하나의 그대를 양육함은 그대 자신을 위함이라.
하나에서 열이 되면 세상은 열 곱 더 행복하게 되고,
그 열 배가 열 번 다시 그대를 재생하면
지금 그대보다 열 곱 더 행복하리라.
죽음인들 제 어찌하리?
후손 속에 그대를 남기고 떠나간다면.
    고집을 부리지 말라, 그대는 너무도 아름답도다.
    죽음에 정복되고 벌레들을 후계자로 만들기에는.

6

    Then let not winter's ragged hand deface
    In thee thy summer ere thou be distilled :
    Make sweet some vial; treasure thou some place
4   With beauty's treasure ere it be self-killed.
    That use is not forbidden usury
    Which happies those that pay the willing loan;
    That's for thyself to breed another thee,
8   Or ten times happier be it ten for one.
    Ten times thyself were happier than thou art,
    If ten of thine ten times refigured thee :
    Then what could death do if thou shouldst depart,
12 Leaving thee living in posterity?
        Be not self-willed, for thou art much too fair,
        To be death's conquest and make worms thine heir.

7

보라, 동녘에 찬란한 태양빛이
그 불타는 머리를 들면 하계下界의 무리들은,
그의 새로 나타나는 광경을 우러러보고,
그 숭고한 존엄성에 경의를 표한다.
한창 시절의 혈기 있는 청춘인 양
태양이 준엄한 천공天空의 마루턱에 오르면,
인간은 그의 찬란한 여정을 시종侍從하면서
변함없이 그의 미를 찬미하노라.
그러나 절정絶頂으로부터, 지친 수레를 타고
노년처럼 그가 한낮을 벗어나면,
전에 충성하던 무리들은 눈을 돌려
그의 내려가는 쪽으로부터 다른 곳을 바라보리라.
    그처럼 그대도 후손 없이 한낮을 지낸다면,
    바라다보는 시선도 못 받고 가리라.

7

    Lo, in the orient when the gracious light
    Lifts up his burning head, each under eye
    Doth homage to his new-appearing sight,
4 Serving with looks his sacred majesty;
    And having climbed the steep-up heav'nly hill,
    Resembling strong youth in his middle age,
    Yet mortal looks adore his beauty still,
8 Attending on his golden pilgrimage.
    But when from highmost pitch, with weary car,
    Like feeble age he reeleth from the day,
    The eyes, (fore duteous) now converted are
12 From his low tract and look another way.
        So thou, thyself outgoing in thy noon,
        Unlooked on diest unless thou get a son.

8

듣기 좋은 음악이신 그대여, 왜 음악을 슬퍼하시느뇨?
미는 미와 반목反目되지 않고, 기쁨은 기쁨 속에 즐겁거늘,
그대는 왜 들어서 기쁘지 아니한 것을 사랑하느뇨?
왜 괴로움이 되는 것을 들으려 하느뇨?
혼인婚姻으로 맺어져 잘 조화된
진정한 화음和音이 그대의 귀를 거스른다면,
그것은 그대를 아름다운 소리로 꾸짖는 거라,
병창에서 떨어져 자기의 맡은 부분을 깨뜨리는 그대를.
들으라, 하나의 현絃은 다른 현의 고운 짝이 되어,
서로 어울려 묘음妙音을 내는 것을,
마치 모두가 하나 되어 한 즐거운 곡조를 노래하는
아버지와 아들과 행복한 어머니같이.
　　그 말없는 노래는 여럿이지만 하나처럼
　　그대에게 이렇게 노래한다, '혼자서는 보람을 못 갖는다'고.

8

    Music to hear, why hear'st thou music sadly?
    Sweets with sweets war not, joy delights in joy.
    Why lov'st thou that which thou receiv'st not gladly,
4 Or else receiv'st with pleasure thine annoy?
    If the true concord of well-tuned sounds,
    By unions married, do offend thine ear,
    They do but sweetly chide thee, who confounds
8 In singleness the parts that thou shouldst bear.
    Mark how one string, sweet husband to another,
    Strikes each in each by mutual odering;
    Resembling sire, and child, and happy mother,
12 Who all in one, one pleasing note do sing;
        Whose speechless song, being many, seeming one,
        Sings this to thee : "Thou single wilt prove none."

9

독신으로 그대 생을 마치려는 것은
과부의 눈을 적실까 봐 두려워하는 것이뇨?
아, 그대가 자손이 없이 죽는다면,
온 세상이 통곡하리라, 짝을 잃은 과부와 같이.
세상은 그대의 미망인이 되어
그대가 모습도 남기지 않았음을 길이 슬퍼하리라.
세상의 과부들은 남편의 모습을 아이들의 눈에서 찾아
마음속에 간직하느니.
보라, 세상의 어떠한 낭비자도 다만 그 재물의 자리를 바꿀 뿐
세상은 언제나 그것을 지니고 있도다.
그러나 미의 낭비는 그것으로 마지막이라,
쓰지 않고 보존하면 그것은 소멸하는 것.
    자신에게 이런 죄악을 범하고,
    그런 가슴속에 어찌 남에게 향한 사랑이 있으리요.

9

Is it for fear to wet a widow's eye
That thou consum'st thyself in single life?
Ah, if thou issueless shalt hap to die,
4 The world will wail thee like a makeless wife;
The world will be thy widow and still weep,
That thou no form of thee hast left behind,
When every private widow well may keep,
8 By children's eyes, her husband's shape in mind.
Look what an unthrift in the world doth spend
Shifts but his place, for still the world enjoys it;
But beauty's waste hath in the world an end,
12 And kept unused, the user so destroys it.
    No love toward others in that bosom sits
    That on himself such murd'rous shame commits.

10

자신에 대해서 소홀히 하는 그대는,
부끄러움을 알고 누구에게 대한 사랑도 부정하라.
많은 사람들에게 사랑을 받고 있노라 생각하려거든 하라,
그러나 그대가 아무도 사랑하지 않음은 명백하도다.
무서운 증오에 사로잡혀,
자신에 대한 모반謀反을 무릅쓰고,
그 아름다운 집을 파괴하려 하나니.
그 집을 수복하는 것이 그대의 대원大願이어야 할 것을.
개심改心하라, 그대에 대한 나의 견해를 고치게 하라!
고운 사랑이 깃들일 집에 증오가 깃들어서야?
그대의 외모처럼 아름답고 친절하라.
자신에게라도 온정을 보이라.
    나의 사랑을 위하여 제2의 그대를 만들라.
    미가 그대 위에, 또 자손들 위에 영존하도록.

10

    For shame deny that thou bear'st love to any,
    Who for thyself art so unprovident.
    Grant if thou wilt, thou art belov'd of many,
4   But that thou none lov'st is most evident;
    For thou art so possessed with murd'rous hate,
    That 'gainst thyself thou stick'st not to conspire,
    Seeking that beauteous roof to ruinate,
8   Which to repair should be thy chief desire.
    O change thy thought, that I may change my mind.
    Shall hate be fairer lodged than gentle love?
    Be as thy presence is, gracious and kind,
12 Or to thyself at least kind-hearted prove.
       Make thee another self for love of me,
       That beauty still may live in thine or thee.

11

시드는 그만큼 빨리 그대는
그대가 나누어 준 혈육 속에서 자라리라.
젊어서 준 신선한 피를
늙었을 때 그대의 것이라 부를 수 있으리라.
여기에 지혜와 미와 번영이 있고,
그렇지 않으면 우행愚行과 노년과 차디찬 쇠퇴가 있을 뿐.
모든 사람이 이렇다면 세상은 끝나고
60년으로 인류는 멸망하리라.
자연이 영존시키려고 만들지 않은
거칠고 보기 싫고 조악한 것들은 후손도 없이 멸망케 하라.
아, 자연은 가장 잘 받은 자에게 더 주나니,
그대는 그 풍유한 선물을 소중히 키울지어다.
    자연은 그대를 아로새겨 그의 인장을 삼았나니,
    그 원형原型이 영존하도록 수많이 찍을지어다.

11

As fast as thou shalt wane so fast thou grow'st—
In one of thine, from that which thou departest,
And that fresh blood which youngly thou bestow'st
4   Thou mayst call thine, when thou from youth convertest.
Herein lives wisdom, beauty, and increase;
Without this, folly, age, and cold decay.
If all were minded so, the times should cease,
8   And threescore year would make the world away.
Let those whom nature hath not made for store,
Harsh, featureless, and rude, barrenly perish.
12   Look whom she best endowed, she gave the more;
Which bounteous gift thou shouldst in bounty cherish.
    She carved thee for her seal, and meant thereby
    Thou shouldst print more, not let that copy die.

12

시간을 알리는 시계소리를 세며
화려한 낮이 무서운 밤 속에 묻히는 것을 볼 때,
또 바이올렛 꽃이 한창 시절을 지난 것을 보고,
또 검은 고수머리가 백은白銀으로 변한 것을 볼 때,
한때는 가축을 위하여 폭염을 가려주던
나무들의 잎이 다 떨어진 것을 볼 때,
여름의 푸른 것들이 모두 다발로 묶이어서,
희고 총총한 그 수염 보이며 영구차로 운반되는 것을 볼 때,
그때 나는 그대의 미에 대하여 생각하노라,
그대도 시간의 흐름 속에 가야 한다고.
고운 것도 아름다운 것도 제 모습을 버리고,
다른 것들이 자라나는 것과 같이 빨리 없어지기에.
  세월이 낫으로 그대를 베어갈 때
  막아낼 길은 없느니, 만일 자식을 낳은 것이 없다면.

12

When I do count the clock that tells the time,
And see the brave day sunk in hideous night,
When I behold the violet past prime,
4 And sable curls all silvered o'er with white,
When lofty trees I see barren of leaves,
Which erst from heat did canopy the herd,
And summer's green all girded up in sheaves
8 Borne on the bier with white and bristly beard;
Then of thy beauty do I question make
That thou among the wastes of time must go,
Since sweets and beauties do themselves forsake,
12 And die as fast as they see others grow,
    And nothing 'gainst time's scythe can make defence
    Save breed to brave him when he takes thee hence.

13

아! 언제나 그대가 그대였으면! 사랑하는 이여,
그러나 그대는 지금의 그대가 아닐게라.
닥쳐오는 종말에 대비해야 하노니,
그대의 미모를 다른 누구에게 주어야 한다.
그래야 그대가 빌려서 지니고 있는 미는,
기한이라는 것이 없고,
그대 죽은 후에도 다시 그대가 있을 것이다,
아름다운 자손이 그대의 미를 간직하리니.
누가 아름다운 주택을 퇴락하게 내버려두리요?
정당히 관리만 하면,
겨울날의 풍우를 견디고,
영원히 차가운 죽음의 분노를 물리칠 것을.
  아! 낭비자 아니곤 누가 그리 하리요. 사랑하는 그대여,
  그대 부친이 계셨거니. 그대 아들도 그리 하게 하라.

13

O that you were yourself, but love you are
No longer yours than you yourself here live.
Against this coming end you should prepare,
4 And your sweet semblance to some other give.
So should that beauty which you hold in lease
Find no determination—then you were
Yourself again after your self's decease,
8 When your sweet issue your sweet form should bear.
Who lets so fair a house fall to decay,
Which husbandry in honour might uphold
Against the stormy gusts of winter's day
12 And barren rage of death's eternal cold?
    O none but unthrifts, dear my love you know,
    You had a father, let your son say so.

14

나는 별들에게서 판단을 얻으려 하지 않노라,
그러나 내겐 점성술이 있다고 생각한다.
운의 길흉을 말하려 함도 아니요,
질병 기근 계절에 대하여 말하려 함도 아니라.
또 개개인의 생애에 오는 풍우 뇌성을
그 시각까지 예시할 수도 없고,
또는 하늘에서 자주 나타나는 전조를 보고
경사스러울 것을 왕후에게 고하려 하지도 않노라.
그러나 나는 그대의 눈으로부터 지식을 얻고,
불멸의 별 그 눈 속에서 이런 것을 읽었노라,
'그대 회심하여 자신의 공급자가 된다면,
진眞과 미美는 같이 번영하리라'고.
    그렇지 않다면 이렇게 예언하리라,
    '그대의 죽음은 진과 미의 종말이라'고.

14

Not from the stars do I my judgement pluck,
And yet methinks I have astronomy;
But not to tell of good or evil luck,
4   Of plagues, of dearths, or seasons' quality;
Nor can I fortune to brief minutes tell,
Pointing to each his thunder, rain, and wind,
Or say with princes if it shall go well,
8   By oft predict that I in heaven find.
But from thine eyes my knowledge I derive,
And, constant stars, in them I read such art
As 'truth and beauty shall together thrive
12   If from thyself to store thou wouldst convert'.
    Or else of thee this I prognosticate,
      'Thy end is truth's and beauty's doom and date.'

15

생물이 그 완전성을 유지하는 것은
다만 순간에 지나지 않는다는 것을 생각할 때,
또 이 거대한 인생 무대는
많은 별들이 알지 못할 감화를 주며 비판하는
한낱 '쇼우'를 연출하는 데 지나지 않는다는 것을 생각할 때,
또 사람의 번식도 식물처럼 하늘의 도움도 받고 방해받으며,
젊은 혈기 속에서 뽐내다가 절정에 도달하면 곧 시들어,
그 미모가 기억에서 사라지는 것을 생각할 때,
이 무상에 대한 나의 상상은 내 눈앞에
그대의 찬란한 청춘을
포악한 '시간'이 쇠퇴와 공모하여
더러운 밤으로 화하게 하려고 하는 것을 보노라.
　　나는 그대를 위하여 '시간'을 대적하여
　　그가 그대 뺏으려 할 때 시詩로써 새롭게 접목하노라.

15

When I consider everything that grows
Holds in perfection but a little moment,
That this huge stage presenteth nought but shows
4 Whereon the stars in secret influence comment;
When I perceive that men as plants increase,
Cheerèd and checked ev'n by the selfsame sky,
Vaunt in their youthful sap, at height decrease,
8 And wear their brave state out of memory:
Then the conceit of this inconstant stay
Sets you most rich in youth before my sight,
Where wasteful time debateth with decay
12 To change your day of youth to sullied night;
 And all in war with time for love of you,
 As he takes from you, I engraft you new.

16

그러나 왜 그대는 더 강력한 방법으로
잔인한 폭군인 시간에 도전하려 하지 않느뇨?
그리고 내 빈약한 노래보다 더 축복받은 방법으로
그대의 쇠패衰敗를 막아 내지 않으려느뇨?
이제 그대는 행복의 절정에 섰나니,
씨를 뿌리잖은 처녀원處女園이 순결한 염원念願으로,
초상화보다도 그대를 닮은
그대의 생명의 꽃들을 피게 하려 하리라.
현시現時의 화필畫筆로는, 또 서투른 내 붓으로는,
그 내적 부富와 그 외적 미美를 그리지 못하지만,
생명을 재생하는 후손들은
그대를, 사람들 눈앞에 그대로 살 수 있게 하리라.
    그대 자신을 나눠주는 것이 그대 영원히 보존하는 길,
    그대 자신의 묘기로써 그림을 그려 영생하라.

16

But wherefore do not you a mightier way
Make war upon this bloody tyrant time?
And fortify yourself in your decay
4 With means more blessèd than my barren rhyme?
Now stand you on the top of happy hours,
And many maiden gardens yet unset,
With virtuous wish would bear your living flowers,
8 Much liker than your painted counterfeit.
So should the lines of life that life repair
Which this time's pencil or my pupil pen
Neither in inward worth nor outward fair
12 Can make you live yourself in eyes of men.
    To give away yourself keeps yourself still,
    And you must live, drawn by your own sweet skill.

17

누가 나의 시구를 믿어주리요?
시구마다 그대의 미덕으로 충만해 있더라도,
하늘은 알리니, 시란 한낱 무덤에 지나지 않는 것을,
그대의 진정한 생명 가리고, 그대의 천재를 반도 못 나타내는.
그대의 아름다운 두 눈을 글로 묘사하고,
새로운 노래로 그대의 우아를 예찬하더라도,
후세 사람은 말하리, '이 시인은 거짓이다,
인간의 모습이 이런 천국의 필치로 그려진 예는 없다'고.
내 시집은 연륜과 함께 퇴색하여,
수다스러운 늙은이같이 비난을 받고,
그대의 탁월은 시인의 광상狂想이요,
옛 시에서 보는 과장된 표현이라고.
    그러나 그때 아이가 있다면,
    그 아이에게서 그대 다시 살으리라, 그리고 내 시에서도.

17

     Who will believe my verse in time to come
     If it were filled with your most high deserts?
     Though yet heav'n knows it is but as a tomb
4   Which hides your life, and shows not half your parts.
     If I could write the beauty of your eyes,
     And in fresh numbers number all your graces,
     The age to come would say, "This poet lies—
8   Such heav'nly touches ne'er touched earthly faces."
     So should my papers, yellowed with their age,
     Be scorned, like old men of less truth than tongue,
     And your true rights be termed a poet's rage
12 And stretchèd meter of an ántique song:
         But were some child of yours alive that time,
         You should live twice in it and in my rhyme.

18

내 그대를 한여름날에 비겨볼까?
그대는 더 아름답고 더 화창하여라.
거친 바람이 5월의 고운 꽃봉오리를 흔들고,
여름의 기한은 너무나 짧아라.
때로 태양은 너무 뜨겁게 쬐고,
그의 금빛 얼굴은 흐려지기도 하여라.
어떤 아름다운 것도 언젠가는 그 아름다움이 기울어지고
우연이나 자연의 변화로 고운 치장 뺏기도다.
그러나 그대의 영원한 여름은 퇴색하지 않고,
그대가 지닌 미는 잃어지지 않으리라.
죽음도 뽐내진 못하리, 그대가 자기 그늘 속에 방황한다고
불멸의 시편 속에서 그대 시간에 동화(同和)되나니.
    인간이 숨을 쉬고 볼 수 있는 눈이 있는 한
    이 시는 살고 그대에게 생명을 주리.

18

Shall I compare thee to a summer's day?
Thou art more lovely and more temperate:
Rough winds do shake the darling buds of May,
4 And summer's lease hath all too short a date;
Sometime too hot the eye of heaven shines.
And often is his gold complexion dimmed;
And every fair from fair sometime declines,
8 By chance or nature's changing course untrimmed:
But thy eternal summer shall not fade,
Nor lose possession of that fair thou ow'st,
Nor shall death brag thou wand'rest in his shade,
12 When in eternal lines to time thou grow'st.
  So Long as men can breathe or eyes can see,
  So long lives this, and this gives life to thee.

19

탐식貪食하는 '세월'이여, 사자의 발톱을 무디게 해도 좋다.
대지로 하여 그의 아름다운 새끼들을 탐식케 해도 좋다.
맹호猛虎의 턱에서 날카로운 이빨을 뽑아도 좋다.
장생할 불사조를 불살라 죽여도 좋다.
네가 질주함에 따라 계절을 즐겁게, 슬프게 해도 좋다.
발걸음 빠른 세월이여, 네 마음대로 행동하라,
넓은 세계와 쉬 스러질 모든 미에 대해서는.
그러나 내 다만 하나의 큰 죄를 금하노니,
오! 내 벗의 아름다운 이마엔 너의 시각時刻 새기지 말라.
그대의 태고太古의 붓으로 그 얼굴에 주름을 긋지 말라.
후세 사람들에게 미의 표본이 되도록,
그를 너의 행로에서 더럽히지 말라.
    늙은 '세월'이여, 네 비록 이 죄를 함부로 저지를지라도,
    나의 벗은 내 시 속에서 영원히 젊게 살리라.

19

    Devouring time, blunt thou the lion's paws,
    And make the earth devour her own sweet brood;
    Pluck the keen teeth from the fierce tiger's jaws,
4   And burn the long—lived phoenix in her blood;
    Make glad and sorry seasons as thou fleet'st
    And do whate'er thou wilt, swift-footed time,
    To the wide world and all her fading sweets;
8   But I forbid thee one most heinous crime,
    O carve not with thy hours my love's fair brow,
    Nor draw no lines there with thine ántique pen.
    Him in thy course untainted do allow,
12 For beauty's pattern to succeeding men.
        Yet do thy worst, old time; despite thy wrong,
        My love shall in my verse ever live young.

20

나의 정열을 지배하는 여성 같은 남성 그대는,
자연의 손으로 화장한 여인의 얼굴을 갖고 있도다.
그리고 여자의 고운 마음씨, 그러면서도
부정한 여자와 달라 변할 줄을 몰라라.
여인의 눈보다 황홀한 그대의 눈은 허위로 움직이지 않고,
보는 것마다 도금한 듯하여라.
용색(容色) 아름다운 사나이로 모든 용색을 제어하며,
남성의 눈을 유혹하고 여성의 혼을 현혹시키도다.
그대는 처음에 여자로 태어날 것을,
자연이 만드는 도중 사랑을 느껴,
하나를 더 첨가하여 나를 실망시켰도다,
나에게는 아무 소용없는 물건을 달게 하여.
  여자의 기쁨을 위하여 만들어진 그대이니,
  그대의 사랑만이 내 것이요, 그것은 그들의 보배로다.

20

A woman's face, with nature's own hand painted,
Hast thou, the master mistress of my passion—
A woman's gentle heart, but not acquainted
4 With shifting change, as is false women's fashion;
An eye more bright than theirs, less false in rolling,
Gilding the object whereupon it gazeth;
A man in hue all hues in his controlling,
8 Which steals men's eyes and women's souls amazeth.
And for a woman wert thou first created,
Till nature as she wrought thee fell a—doting,
And by addition me of thee defeated,
12 By adding one thing to my purpose nothing.
    But since she pricked thee out for women's pleasure,
    Mine be thy love, and thy love's use their treasure.

21

나의 시는 다른 시인의 시와 다르도다.
그들은 분칠한 미인에게서 시흥(詩興)을 일으키고,
저 하늘까지도 그 여인을 장식하는 데 사용하려고.
모든 아름다운 것들을 열거하여,
오만하게도 그의 연인과
태양·달·지구, 그리고 바다의 주옥들과.
또는 4일의 이른 꽃과 우주의 넓은 하늘의
모든 진귀한 물건과 견주나니.
아, 사랑에 진실한 나는 진실하게 쓰리라.
그러므로 나의 애인은
하늘의 저 별들같이 광채는 없어도,
어느 어머니의 아들만큼 아름다운 것을 믿으라.
  허튼소리 좋아하는 자들은 함부로 떠벌리라고 하라.
  내 것은 팔 것이 아니니 과찬은 아니 하리라.

21

    So is it not with me as with that muse,
    Stirred by a painted beauty to his verse,
    Who heav'n itself for ornament doth use,
4   And every fair with his fair doth rehearse—
    Making a couplement of proud compare
    With sun and moon, with earth and sea's rich gems,
    With April's first-born flow'rs, and all things rare
8   That heaven's air in this huge rondure hems.
    O let me true in love but truly write,
    And then believe me, my love is as fair
    As any mother's child, though not so bright
12 As those gold candles fixed in heaven's air.
        Let them say more that like of hearsay well;
        I will not praise that purpose not to sell.

22

그대가 젊음을 잃지 않는 동안,
거울은 내 늙음을 믿게 하지 못하리라.
그러나 그대의 얼굴에 주름을 볼 때,
내 일생이 다 탄 죽음을 느끼리라.
그대가 감싸고 있는 아름다움은
내 마음의 활옷이기에,
그대 가슴에 내 마음 살고, 내 가슴속에 그대 마음 사나니.
어찌 내가 그대보다 빨리 늙으리오?
그러하오니 그대는 몸조심하시라.
나 때문이 아니라 그대 위하여 쓰노라.
상냥한 유모가 애기를 돌보듯,
그대의 마음을 조심스럽게 간직하노라.
    내가 죽어도 그대의 마음을 찾아가려 하지 말라,
    찾아갈 생각 없이 나에게 주었으니.

22

    My glass shall not persuade me I am old
    So long as youth and thou are of one date,
    But when in thee time's furrows I behold,
4   Then look I death my days should expiate.
    For all that beauty that doth cover thee
    Is but the seemly raiment of my heart,
    Which in thy breast doth live, as thine in me.
8   How can I then be elder than thou art?
    O therefore love, be of thyself so wary
    As I not for myself, but for thee will,
    Bearing thy heart, which I will keep so chary
12 As tender nurse her babe form faring ill.
        Presume not on thy heart when mine is slain,
        Thou gav'st me thine not to give back again.

23

무대 위에 미숙한 배우가
공포 때문에 그의 역을 잘못하는 거와 같이,
또는 과대한 힘이 심장을 약하게 하는
노기에 충만한 맹수와 같이,
나는 자신이 없어 사랑의 성전(盛典)의
완전한 식사(式辭)를 잊어버리고.
강한 사랑이 중한 부담이 되어,
사랑의 힘에 눌려 쇠약해진다.
오, 나의 책으로 하여금
나의 가슴의 무언(無言)의 예언자가 되게 하라.
일찍이 충분하게 표현한 어떤 혀(舌)보다도
나의 시는 사랑을 변호하여 보상을 받기 원하노라.
    오, 말없는 사랑이 쓴 글을 읽을 줄 알라.
    눈으로 듣는 것은 세련된 사랑의 기술이라.

23

As an unperfect actor on the stage,
Who with his fear is put besides his part,
Or some fierce thing replete with too much rage,
4 Whose strength's abundance weakens his own heart;
So I for fear of trust forget to say
The perfect ceremony of love's rite,
And in mine own love's strength seem to decay,
8 O'ercharged with burthen of mine own love's might.
O let my books be then the eloquence
And dumb presagers of my speaking breast,
Who plead for love and look for recompense
12 More than that tongue that more hath more expressed.
    O learn to read what silent love hath writ.
    To hear with eyes belongs to love's fine wit.

24

나의 눈은 화가가 되어 그대의 미모를,
나의 가슴의 화판에 옮겨 놓았노라.
나의 몸은 그 그림의 틀
최상의 화가의 기술이 원근법을 썼노라.
진정한 모습이 그려졌는지, 그 기교는
화가 자신을 거쳐서만 알 것이.
그림은 고요히 나의 가슴의 화실에 걸리고,
그대의 눈은 그 방의 창문.
이렇게 눈과 눈이 서로 도와
나의 눈은 그대의 모습을 그리고,
그대의 눈은 나의 가슴의 창이 되어, 태양은
그 창으로 그대의 모습을 보려 하도다.
    그러나 내 눈은 작품을 우아하게 할 재주 없어,
    보이는 것은 그려도 마음은 몰라라.

24

    Mine eye hath played the painter and hath stelled
    Thy beauty's form in table of my heart.
    My body is the frame wherein 'tis held,
4   And perspective it is best painter's art.
    For through the painter must you see his skill
    To find where your true image pictured lies,
    Which in my bosom's shop is hanging still,
8   That hath his windows glazed with thine eyes.
    Now see what good turns eyes for eyes have done.
    Mine eyes have drawn thy shape, and thine for me
    Are windows to my breast, wherethrough the sun
12 Delights to peep, to gaze therein on thee.
        Yet eyes this cunning want to grace their art;
        They draw but what they see, know not the heart.

25

별의 은총을 받는 자들로 하여금
명예와 훌륭한 칭호를 자랑하게 하라,
나에게는 이러한 승리의 길이 막히었지만,
내가 가장 존경하는 것에서 예기치 않은 기쁨을 얻었노라.
왕후王侯의 총신들이 그들의 잎새를 펴지만,
태양을 따르는 금잔화같이
그들의 자랑은 자신들 속에 묻어버리리.
군주가 한 번 찌푸리면 그 광영光榮은 슬고 마나니.
전공으로 유명한 노고의 용장勇將도,
천 번 이긴 뒤에 한 번 패하면,
광영의 명부名簿에서 말살되고
노고로 얻은 공적은 다 망각되느니.
  그렇다면 나는 행복되어라 사랑을 하고 사랑을 받고,
  이별을 하지도 않고 당하지도 아니하리니.

25

    Let those who are in favor with their stars
    Of public honour and proud titles boast,
    Whilst I whom fortune of such triumph bars,
4   Unlocked for joy in that I honour most.
    Great princes' favorites their fair leaves spread,
    But as the marigold at the sun's eye,
    And in themselves their pride lies buried,
8   For at a frown they in their glory die.
    The painful warrior famoused for fight,
    After a thousand victories once foiled,
    Is from the book of honour razed quite,
12 And all the rest forgot for which he toiled.
        Then happy I that love and am beloved
        Where I may not remove, nor be removed.

26

경애하는 공(公)이여, 그대의 덕이
나의 충성을 맹세하게 한 그대에게,
이 글을 사절(使節)로서 바치노니
충성을 밝히려 함이요, 재주를 보이려 함은 아니라.
충성은 너무나 중하여 나 같은 둔재는
말에 딸려 헐벗은 것 같으리라.
벌거벗은 나의 표현을 그대의 상상으로
그대의 마음속에 간직하여 주기 바라노라.
나의 행로를 인도하는 어떤 별이
자혜롭게도 나에게 유망한 영향을 끼쳐
내가 그대의 은총을 받을 만하게 보이도록,
이 헐벗은 사랑이 성장(盛裝)할 때까지.
    그때 나는 감히 그대를 경애한다고 뽐내고,
    그때까지는 나를 시험하시려는 곳에 나타나지 않으리.

26

    Lord of my love, to whom in vassalage
    Thy merit hath my duty strongly knit,
    To thee I send this written ambassage,
4   To witness duty, not to show my wit.
    Duty so great, which wit so poor as mine
    May make seem bare, in wanting words to show it,
    But that I hope some good conceit of thine
8   In thy soul's thought, all naked, will bestow it;
    Till whatsoever star that guides my moving
    Points on me graciously with fair aspect,
    And puts apparel on my tottered loving,
12 To show me worthy of thy sweet respect.
        Then may I dare to boast how I do love thee;
        Till then, not show my head where thou mayst prove me.

27

지쳐서 잠자리로 급히 가노라.
여행에 시달린 사지四肢에 귀한 안식이라.
그러나 그때부터 또 다른 여행이 머릿속에서 시작하도다.
육체의 활동은 그치고 마음이 일을 하게 되도다.
그러면 내 상념은 내가 사는 먼 곳으로부터
그대에게로 정열적인 순례巡禮를 하도다.
감기려는 내 눈을 크게 뜨고,
맹인이 보는 암흑을 보면서.
내 영혼의 상상의 시각으로
그대의 그림자만 나의 시력 없는 눈앞에 보노라.
그것은 유령 같은 밤에 걸려 있는 보석인 양
검은 밤을 아름답게 하고, 그 늙은 얼굴을 젊게 하도다.
　보라, 이렇게 낮에는 사지四肢, 밤에는 마음,
　그대를 위하여 또 나를 위하여 쉴 새가 없느니라.

27

    Weary with toil, I haste me to my bed,
    The dear repose for limbs with travel tired,
    But then begins a journey in my head
4   To work my mind, when body's work's expired.
    For then my thoughts, from far where I abide,
    Intend a zealous pilgrimage to thee,
    And keep my drooping eyelids open wide,
8   Looking on darkness which the blind do see.
    Save that my soul's imaginary sight
    Presents thy shadow to my sightless view,
    Which like a jewel hung in ghastly night,
12 Makes black night beauteous, and her old face new.
        Lo thus by day my limbs, by night my mind,
        For thee, and for myself, no quiet find.

28

안식의 은혜 거부된 내가 어찌 기꺼이
돌아갈 수 있으리요?
낮의 고뇌를 밤이 못 풀어주고,
밤은 낮, 낮은 밤을 괴롭히도다.
밤과 낮은 다스리는 영역에 있어 서로 적이지만,
나를 괴롭히기에는 악수로써 합의한다.
하나는 노고를 줌으로, 또 하나는 불평으로,
내가 노고는 노고대로 겪으며 그대에게선 더욱 멀리 간다고.
내 낮더러 이르기를, 너는 그를 즐겁게 해주려고 환히 빛나며,
구름이 하늘을 더럽힐 때 그를 우아히 비친다고.
내 또한 어둔 밤을 즐겁게 해주려고 말하기를,
반짝이는 별이 빛나잖을 때 너는 저녁을 금으로 물들인다고.
    그러나 낮은 나의 슬픔을 나날이 연장하고,
    밤은 나의 비애를 밤마다 더욱 격심하게 하는도다.

28

    How can I then return in happy plight
    That am debarred the benefit of rest—
    When day's oppression is not eased by night,
4 But day by night and night by day oppressed?
    And each, though enemies to either's reign,
    Do in consent shake hands to torture me,
    The one by toil, the other to complain
8 How far I toil, still farther off from thee.
    I tell the day to please him thou art bright,
    And dost him grace when clouds do blot the heaven.
    So flatter I the swart-complexioned night,
12 When sparkling stars twire not, thou gild'st the even.
        But day doth daily draw my sorrows longer,
        And night doth nightly make grief's length seem stronger.

29

운명과 세인의 눈에 천시되어,
혼자 나는 버림받은 신세를 슬퍼하고,
소용없는 울음으로 귀머거리 하늘을 괴롭히고,
내 몸을 돌아보고 나의 형편을 저주하도다.
희망 많기는 저 사람,
용모가 수려하기는 저 사람, 친구 많기는 그 사람 같기를.
이 사람의 재주를, 저 사람의 권세를 부러워하며,
내가 가진 것에는 만족을 못 느낄 때,
그러나 이런 생각으로 나를 거의 경멸하다가도
문득 그대를 생각하면, 나는
첫새벽 적막한 대지로부터 날아올라
천국의 문전에서 노래 부르는 종달새,
 그대의 사랑을 생각하면 곧 부귀에 넘쳐,
 내 팔자, 제왕과도 바꾸려 아니하노라.

29

    When in disgrace with fortune and men's eyes,
    I all alone beweep my outcast state,
    And trouble deaf heaven with my bootless cries,
4   And look upon myself and curse my fate,
    Wishing me like to one more rich in hope,
    Featured like him, like him with friends possessed,
    Desiring this man's art, and that man's scope,
8   With what I most enjoy contented least;
    Yet in these thoughts myself almost despising,
    Haply I think on thee, and then my state,
    Like to the lark at break of day arising
12 From sullen earth, sings hymns at heaven's gate;
        For thy sweet love remembered such wealth brings,
        That then I scorn to change my state with kings.

30

감미롭고 고요한 명상의 궁전으로
지난 옛일의 기억을 불러올 때면,
나는 갈구하던 모든 것들을 갖지 못함을 한숨짓고,
귀중한 시간을 낭비한 옛 비애를 새삼 애탄하노라.
그리고 죽음의 끝없는 밤 속에 숨어 있는
벗들을 위하여
메말랐던 내 눈을 눈물로 적실 수 있고,
오래 전에 잊혀진 비련悲戀을 다시 슬퍼하고,
사라진 많은 모습들의 상실을 탄식하노라.
그러면 지나간 슬픔을 슬퍼할 수 있고,
예전의 애통한 슬픈 사연을 하나하나 헤아려
전에 지불했던 셈을 아니한 듯이 다시 지불하노라.
    그러나 벗이여, 그때 그대를 생각하면,
    모든 손실은 회복되고 슬픔은 끝나도다.

30

When to the sessions of sweet silent thought
I summon up remembrance of things past,
I sigh the lack of many a thing I sought,
4　And with old woes new wail my dear time's waste.
Then can I drown an eye, unused to flow,
For precious friends hid in death's dateless night,
And weep afresh love's long since cancelled woe,
8　And moan th' expense of many a vanished sight.
Then can I grieve at grievances foregone,
And heavily from woe to woe tell o'er
The sad account of fore—bemoaned moan,
12　Which I new pay as if not paid before.
　　　But if the while I think on thee, dear friend,
　　　All losses are restored, and sorrows end.

31

그대의 가슴은 소중하여라.
죽어 없어졌다고 생각했던 마음들이 그 안에 모였느니.
그대의 가슴에는 애정이 깃들여 있고,
사랑의 모든 아름다운 부분이,
그리고 땅 속에 묻혀 있다고 생각했던 모든 친구들의 마음이.
경건한 사랑은 죽은 사람을 위하여
얼마나 많은 성스러운 애조哀弔의 눈물을 흘리게 했던고,
그들은 단지 자리를 옮겨 그대의 몸에 숨어 있는 것을.
그대의 몸은 파묻힌 사랑이 소생하는 무덤,
거기에 죽은 친구들의 기념장記念章들이 걸려 있도다.
나에 대한 그들의 요구가 그대에게 옮겨지고,
많은 사람의 권리가 지금은 다 그대의 것이 되었도다.
    내가 사랑하던 그들의 모습을 그대에게서 보고,
    그들 전체인 그대는 나의 전부를 가졌어라.

31

Thy bosom is endeared with all hearts,
Which I by lacking have supposed dead;
And there reigns love and all love's loving parts,
4 And all those friends which I thought buried.
How many a holy and obsequious tear
Hath dear religious love stol'n from mine eye,
As interest of the dead, which now appear
8 But things removed that hidden in thee lie.
Thou art the grave where buried love doth live,
Hung with the trophies of my lovers gone,
Who all their parts of me to thee did give;
12 That due of many now is thine alone.
    Their images I loved I view in thee,
    And thou, all they, hast all the all of me.

32

만약 그대가 내가 기꺼이 맞이한 날,
무례한 죽음이 내 뼈를 묻는 날.
그날보다 오래 살아
그대 애인의 이 서투른 시를 다시 읽고,
시대와 같이 전진한 다른 시와 비교하게 되거든,
그것들이 다른 것들만 못 하더라도,
다른 다행한 사람보다 뒤떨어진 것이라도,
시를 위하여서가 아니라 정으로 간직하여 달라.
오, 그리고 이 자혜스런 생각으로 나를 아껴달라.
그의 시혼(詩魂)이 시대와 같이 자랐더라면,
그의 애정에서 우수한 시가 씌어지고,
더 찬란한 대열에 들었을 것을.
  그는 죽고 우울한 시인들이 나왔으니,
  그들의 시에선 작품을, 그의 시에선 애정을 읽으리라.

32

If thou survive my well—contented day,
When that churl death my bones with dust shall cover,
And shalt by fortune once more resurvey
4 These poor rude lines of thy deceased lover,
Compare them with the bett'ring of the time,
And though they be outstripped by every pen
Reserve them for my love, not for their rhyme,
8 Exceeded by the height of happier men.
O then vouchsafe me but this loving thought:
Had my friend's muse grown with this growing age,
A dearer birth than this his love had brought
12 To march in ranks of better equipage.
　　But since he died, and poets better prove,
　　Theirs for their style I'll read, his for his love.

33

여러 번 나는 보았노라, 찬란한 아침 해가
제왕 같은 눈으로 산봉우리를 즐겁게 하고,
금빛 얼굴로 녹색의 초원을 입맞추고,
창백한 시내를 천국의 연금술로 빛나게 하는 것을.
태양은 또 어느덧 천한 구름쪽이 와서
창공의 그 얼굴을 가리는 것을 허용하고,
이 세계를 버리고 얼굴을 감추며
치욕을 지닌 채 몰래 서천으로 떨어지는 것을.
내 태양도 어느 이른 아침에는
혁혁한 빛으로 내 얼굴을 비쳤노라.
아, 한恨스러워라. 그는 오직 잠시만 내 것이었느니,
하늘의 구름은 그를 가려버렸노라.
 그러나 내 애정은 조금도 그를 천시하지 않으리라.
 하늘의 태양도 흐려지나니, 땅 위 태양 어이 아니 흐려지리.

33

    Full many a glorious morning have I seen
    Flatter the mountain tops with sovereign eye,
    Kissing with golden face the meadows green,
4   Gilding pale streams with heavenly alchemy,
    Anon permit the basest clouds to ride
    With ugly rack on his celestial face,
    And from the forlorn world his visage hide,
8   Stealing unseen to west with this disgrace.
    Even so my sun one early morn did shine
    With all triumphant splendor on my brow;
    But out alack, he was but one hour mine,
12 The region could hath masked him from me now.
        Yet him for this my love no whit disdaineth;
        Suns of the world may stain when heaven's sun staineth.

34

왜 그대는 화창한 날씨를 약속하여
외투 없이 여행을 하게 하고,
도중에 검은 구름을 만나게 하여
더러운 운무로 그대의 찬란한 얼굴을 가리게 했느뇨?
구름 사이로 그대 나타나, 풍우에 젖은 얼굴 말려준대도
그것으로는 부족하여라.
상처는 고쳐도 오욕污辱은 고치지 못하는 고약을
뉘라서 찬양하리요.
그대의 부끄러움은 나의 비애를 고치지는 못하고,
그대가 회개한대도 나의 손실은 여전하여라.
심한 해를 입은 자에게는
가해자의 비통은 미약한 위안이라.
    아, 그러나 그대의 진정이 흘리는 눈물은 진주로다,
    그 귀한 눈물은 모든 비행을 속죄하리라.

34

    Why didst thou promise such a beauteous day
    And make me travel forth without my cloak,
    To let base clouds o'ertake me in my way,
4   Hiding thy brav'ry in their rotten smoke?
    'Tis not enough that through the cloud thou break,
    To dry the rain on my storm-beaten face,
    For no man well of such a salve can speak,
8   That heals the wound, and cures not the disgrace.
    Nor can thy shame give physic to my grief;
    Though thou repent, yet I have still the loss.
    The offender's sorrow lends but weak relief
12 To him that bears the strong offence's cross.
        Ah, but those tears are pearl which thy love sheeds,
        And they are rich, and ransom all ill deeds.

35

그대가 한 일을 더 슬퍼하지 말라.
장미에는 가시, 맑은 샘에도 진흙,
구름과 일식 월식은 달과 해를 가리고,
아름다운 꽃봉오리 속에 징그러운 벌레가 사느니.
사람인들 실수가 없을소냐, 나도 그렇도다.
이렇게 비교하여 그대의 잘못을 용인하고,
그대의 죄를 무마함은 나를 더럽히는 것이요,
그대의 죄를 변호함은 그 죄보다 더한 것이라.
그대의 죄 관능죄官能罪에 이성을 적용하여,
그대를 고발한 자 그대의 변호인이 되도다.
나 자신에 대하여 논고를 시작하노라.
사랑과 미움은 내란을 일으키고,
    나는 공범共犯이 될 수밖에 없노라,
    무정하게 내 것을 뺏은 고운 도둑의.

35

No more be grieved at that which thou hast done:
Roses have thorns, and silver fountains mud,
Clouds and eclipses stain both moon and sun,
4 And loathsome canker lives in sweetest bud.
All men make faults, and even I in this,
Authorizing thy trespass with compare,
Myself corrupting salving thy amiss,
8 Excusing thy sins more that thy sins are;
For to thy sensual fault I bring in sense—
Thy adverse party is thy advocate—
And 'gainst myself a lawful plea commence.
12 Such civil war is in my love and hate,
    That I an accessary needs must be
    To that sweet thief which sourly robs from me.

36

고告하노니, 둘은 둘이라.
우리의 나눌 수 없는 사랑은 하나이로되.
그러면 오욕은 나에게만 남고,
그대에게 누累 아니 끼치고 혼자 견디리.
둘의 사랑은 오직 하나이나
우리의 생활에는 심술궂은 이별이 있도다.
그것이 사랑에 영향을 아니 끼치나,
사랑의 기쁨에서 즐거운 시간을 훔쳐가도다.
다시는 그대를 아는 체 아니하리,
나의 원한이 그대를 욕되게 하지 않으려고.
그대도 나를 공석公席에서 우대하지 말라,
내게 주시는 그 영예를 그대의 이름에서 분리시키지 않는 한.
    그러나 그러지 말라, 내 사랑 이리도 간절하여라,
    그대는 내 것이어니, 그대의 명성도 내것이로다.

36

　　　Let me confess that we two must be twain,
　　　Although our undivided loves are one.
　　　So shall those blots that do with me remain,
4　　Without thy help by me be borne alone.
　　　In our two loves there is but one respect,
　　　Though in our lives a separable spite,
　　　Which though it alter not love's sole effect,
8　　Yet doth it steal sweet hours from love's delight.
　　　I may not evermore acknowledge thee,
　　　Lest my bewailed guilt should do thee shame;
　　　Nor thou with public kindness honour me,
12　 Unless thou take that honour from thy name.
　　　　　　But do not so; I love thee in such sort,
　　　　　　As, thou being mine, mine is thy good report.

37

노쇠한 아버지가 팔팔한 아들의
젊은이다운 짓을 보고 기뻐하는 것같이,
악운의 저주로 절름발이가 된 나는,
그대의 가치와 진실에서 위안을 얻노라.
왠가 하면 그대의 최고의 천품으로 인정받는 것이
그대의 미모・혈통・재산・기지機智,
그중의 하나인지 전부인지 모르지만,
나의 사랑을 이 축적蓄積에 접목接木시키노라.
그러면 나는 절름발이도 아니요, 가난하지도 않고,
천대받지도 아니하노라.
이 상상이 구현具現되어 그대의 풍유 속에서 흡족하고,
그대의 영광의 일부로 사는 한.
    아, 최상의 것, 그것을 그대에게서 바라노라,
    이 소원이 성취되면 열 곱 행복하여라.

37

As a decrepit father takes delight
To see his active child do deeds of youth,
So I, made lame by fortune's dearest spite,
4 Take all my comfort of thy worth and truth.
For whether beauty, birth, or wealth, or wit,
Or any of these all, or all, or more,
Entitled in thy parts do crowned sit,
8 I make my love engrafted to this store.
So then I am not lame, poor, nor despised,
Whilst that this shadow doth such substance give,
That I in thy abundance am sufficed,
12 And by a part of all thy glory live.
  Look what is best, that best I wish in thee.
  This wish I have, then ten times happy me.

38

어찌 내 시혼이 창작할 주제가 부족하리요?
그대가 살아 있어 그대 자신의 아름다운 주제를
내 시구에 쏟아주나니,
속된 지면에는 너무나 우아한.
오, 내 작품 중에 그대가 읽기에 적합한 것 있다면,
그대 자신에게 감사할지어다.
그대 자신이 창의성에 광명을 주나니,
그대에게 송시頌詩를 쓰지 못할 벙어리가 어디 있으리요?
시인들이 기도 드리는 아홉 시신詩神보다
십 배 우수한 제십신第十神이 되어달라.
그리고 그대에게 기원하는 시인은
세월을 초월하는 불멸의 시를 짓게 하라.
　　내 적은 시재詩才가 이 까다로운 시대를 즐겁게 한다면,
　　그 노고는 내것이요 그 칭찬은 그대의 것이라.

38

    How can my muse want subject to invent,
    While thou dost breathe, that pour'st into my verse
    Thine own sweet argument, too excellent
4   For every vulgar paper to rehearse?
    O give thyself the thanks, if aught in me
    Worthy perusal stand against thy sight;
    For who's so dumb that cannot write to thee,
8   When thou thyself dost give invention light?
    Be thou the tenth muse, ten times more in worth
    Than those old nine which rhymers invocate;
    And he that calls on thee, let him bring forth
12 Eternal numbers to outlive long date.
        If my slight muse do please these curious days,
        The pain be mine, but thine shall be the praise.

39

오! 어찌하면 그대의 가치를 품品 있게 노래할 수 있으리요?
그대는 나의 좋은 부분의 전부이어니.
내가 나를 칭찬한들 무슨 이익이 있으리요?
그대를 칭찬하는 건 나를 칭찬하는 것 아니고 무엇이리요?
그러므로 이를 위하여 서로 나뉘고자
우리의 사랑을 단일체로 여기지 말라.
이렇게 서로 떠나므로 나는 그대에게 혼자서
그대가 가질 수 있는 것을 갖게 하리라.
오, 그대 안 계심이여! 얼마나 고통스러우리.
만약에 쓰디쓴 한가閑暇가 달콤한 허가를 주어,
사랑의 상념으로 시간을 보내며
시간과 상념을 달래고,
    한 사람을 두 사람으로 만드는 법을 가르쳐,
    없는 사람을 여기서 찬미하게 하지 않는다면.

39

O how thy worth with manners may I sing,
When thou art all the better part of me?
What can mine own praise to mine own self bring,
4 And what is't but mine own when I praise thee?
Even for this, let us divided live,
And our dear love lose name of single one,
That by this separation I may give
8 That due to thee which thou deserv'st alone.
O absence, what a torment wouldst thou prove,
Were it not thy sour leisure gave sweet leave
To entertain the time with thoughts of love,
12 Which time and thoughts so sweetly doth deceive,
    And that thou teachest how to make one twain,
    By praising him here who doth hence remain.

40

사랑하는 이여! 내 애인들을 모두 뺏아가라, 그들 모두를.
그리한들 이미 지닌 것 외에 그대 무엇을 더 얻을 것인고?
참된 사랑이라 부를 것은 하나밖에 없을지니.
이번 것을 얻기 전에 나의 모든 것이 그대 것이었노라.
만약 나를 위하여 그대가 내 애인을 받아들인다면,
내 그대 탓하지 않겠노라, 그대 다만 내 애인을 활용하는 것뿐이니.
그러나 그대가 사랑하지 않는 것을 일부러 희롱함으로써
스스로 기만한다면 책망을 면키 어려워라.
고운 도둑이여, 내 그대의 탈취를 용서하겠노라,
비록 구차한 나의 소유를 그대가 모두 훔친다 하여도.
그러나 사랑은 아느니라, 증오의 상처보다
사랑이라 하며 주는 피해가 더욱 큰 고통임을.
    모든 못된 것을 곱게 보여주는 음탕한 우아여,
    앙심으로 나를 죽인들 우리 서로 원수되랴.

40

    Take all my loves, my love, yea take them all;
    What hast thou then more than thou hadst before?
    No love, my love, that thou mayst true love call;
4 All mine was thine, before thou hadst this more.
    Then if for my love thou my love receivest,
    I cannot blame thee for my love thou usest;
    But yet be blamed, if thou thyself deceivest
8 By wilful taste of what thyself refusest.
    I do forgive thy robb'ry, gentle thief,
    Although thou steal thee all my poverty;
    And yet love knows it is a greater grief
12 To bear love's wrong than hate's known injury.
        Lascivious grace, in whom all ill well shows,
        Kill me with spites, yet we must not be foes.

41

내가 때로 그대 마음에서 떠나 있을 때
방종에 흘러 그대가 저지르는 고운 잘못들은
그대의 미, 그대의 나이에 매우 어울리도다,
그대 있는 곳마다 유혹이 항상 따르기 때문이라.
그대가 우아하므로 그대의 마음을 얻으려 들고,
그대 아름다움으로 공격을 받게 되나니.
한 여인이 접근하려 들 때 그 여인이 뜻을 이루기 전에,
어느 남자인들 그 여인을 저버릴 수 있으랴?
아! 그러나 그대의 미와 방황하는 혈기를 꾸짖어,
나의 자리를 범하지 못하게 하라.
그대를 분방하게 몰고 가서
이중으로 신의를 깨뜨리게 하느니,
    그대의 미로 여인을 매혹하여, 여인의 신의를,
    그대의 미로 내게 거짓되어, 그대의 신의를.

41

Those pretty wrongs that liberty commits,
When I am sometime absent from thy heart,
Thy beauty and thy years full well befits,
4 For still temptation follows where thou art.
Gentle thou art, and therefore to be won,
Beauteous thou art, therefore to be assailed;
And when a woman woos, what woman's son
8 Will sourly leave her till he have prevailed?
Ay me, but yet thou might'st my seat forbear,
And chide thy beauty and thy straying youth,
Who lead thee in their riot even there
12 Where thou art forced to break a twofold truth;
　　Hers, by thy beauty tempting her to thee,
　　Thine, by thy beauty being false to me.

42

그대가 그녀를 얻은 것이 반드시 내 슬픔은 아니라,
그러나 내 그녀를 사랑했느니,
그녀에게 그대를 뺏긴 것이 나의 슬픔이요,
나를 더 뼈저리게 하는 사랑의 손실이라.
친애하는 범죄여, 그대들을 이렇게 용서해 주리라.
내 그녀를 사랑하기에 그대 그녀를 사랑하리라.
그리고 그녀는 나를 위하여 또한 나를 저버렸으리라,
나를 위하여 나의 친구로 하여금 그녀를 다루어보게 하면서.
그대 잃은 나의 손실은 나의 애인의 이득이 되고,
내 그녀를 잃음으로 벗은 그녀를 얻게 되도다.
둘은 서로 얻고 나는 둘 다 잃었거니,
그들은 나로 하여 이 십자가를 지게 했노라.
　그러나 기쁘게도 벗과 나는 하나이라,
　달콤한 아첨인저! 그녀는 나만 사랑하느니.

42

    That thou hast her, it is not all my grief,
    And yet it may be said I loved her dearly;
    That she hath thee is of my wailing chief,
4 A loss in love that touches me more nearly.
    Loving offenders, thus I will excuse ye:
    Thou dost love her, because thou know'st I love her,
    And for my sake even so doth she abuse me,
8 Suff'ring my friend for my sake to approve her.
    If I lose thee, my loss in my love's gain,
    And losing her, my friends hath found that loss;
    Both find each other, and I lose both twain,
12 And both for my sake lay on me this cross.
        But here's the joy, my friend and I are one;
        Sweet flattery, then she loves but me alone.

43

나의 눈은 낮에는 사물을 허술히 보고
밤이면 가장 잘 보노라.
잘 때 나의 눈은 꿈 속에서 그대를 알고,
눈은 감겼어도 빛 받아 어둠 속에서 밝은 존재로 향하게 되노라.
그림자만이라도 어둠의 그늘을 빛나게 한다면,
그림자의 주인인 그대는 밝은 날에 더 밝은 빛을 가지고
얼마나 황홀한 모습을 보이리오,
보지 못하는 눈에게 그대의 그림자가 이렇게 찬란하노니!
대낮에 나 그대를 본다면,
내 눈은 또 얼마나 행복하리오.
한밤중 깊은 잠 속에 시력 없는 눈에도
불완전하고도 아름다운 그림자가 보인다면!
    그대를 볼 때까지는 낮은 다 밤이요,
    꿈에 그대를 본다면, 밤은 언제나 낮이로다.

43

When most I wink, then do my eyes best see,
For all the day they view things unrespected,
But when I sleep, in dreams they look on thee,
4 And darkly bright, are bright in dark directed.
Then thou, whose shadow shadows doth make bright—
How would thy shadow's form form happy show
To the clear day with thy mush clearer light,
8 When to unseeing eyes thy shade shines so!
How would, I say, mine eyes be blessed made,
By looking on thee in the living day,
When in dead night thy fair imperfect shade
12 Through heavy sleep on sightless eyes doth stay!
 All days are nights to see till I see thee,
 And nights bright days when dreams do show thee me.

44

내 육체의 둔한 물질이 상념과 같이 가볍다면,
나를 괴롭히는 거리距離도 나의 길을 방해하지 않으리.
그렇다면 공간에 매이지 않고, 나는 먼 끝으로부터
그대 있는 곳으로 데려가지리.
내가 서 있는 곳이, 그대 계신 곳으로부터
가장 먼 곳이라 한들 어떠리.
민첩한 상상은 그대가 있을 곳을 생각만 하면
곧 바다와 육지를 뛰넘을 수 있나니.
그러면 아! 생각하면 괴로워라, 지금 그대는 가고
나는 먼 거리를 뛰넘는 상상이 아니기에,
나는 주主로 물과 흙으로 만들어졌나니
신음을 하며 시간이 가는 것을 기다려야 하느니.
    물과 흙 이렇게 느린 성분으로부터 받은 것은,
    슬픔의 '배지'인 눈물뿐이로다.

44

If the dull substance of my flesh were thought,
Injurious distance should not stop my way;
For then, despite of a space, I would be brought,
4   From limits far remote, where thou dost stay.
No matter then although my foot did stand
Upon the farthest earth removed from thee;
For nimble thought can jump both sea and land,
8   As soon as think the place where he would be.
But, ah, thought kills me that I am not thought
To leap large lengths of miles when thou art gone,
But that, so much of earth and water wrought,
12 I must attend time's leisure with my moan.
    Receiving naught by elements so slow
    But heavy tears, badges of either's woe.

45

다른 두 원소元素, 가벼운 바람과 정화력을 지닌 불은,
내 어디에 머무르건 다 그대 곁에 있도다.
그 하나는 나의 사념思念이요, 또 하나는 나의 욕망으로,
있는 듯 없는 듯한 이 둘은 신속히 움직여 내왕하도다.
이들 신속한 원소들이 떠나
사랑의 마음 고운 사환使喚으로 그대에게 가버린 동안
네 원소四元素로 이루어진 나의 생명이 남은 두 원소만으론
우울에 지쳐 죽음에 이르다가,
그대에게서 돌아온 민첩한 사자에 의하여
도로 내 생명의 구조가 제대로 되도다.
그들은 방금 든든한 마음으로 돌아와
그대의 안강安康하심을 내게 일러주도다.
    이를 듣고 내 기뻐하노라, 하나 그도 잠시일 뿐,
    그들을 다시 돌려보내고 곧 나는 슬픔에 잠기노라.

45

    The other two, slight air and purging fire,
    Are both with thee, wherever I abide;
    The first my thought, the other my desire,
4   These present-absent with swift motion slide.
    For when these quicker elements are gone
    In tender embassy of love to thee,
    My life, being made of four, with two alone
8   Sinks down to death, oppressed with melancholy;
    Until life's composition be recured
    By those swift messengers returned from thee,
    Who even but now come back again, assured
12   Of thy fair health, recounting it to me.
        This told, I joy, but then no longer glad,
        I send them back again, and straight grow sad.

46

나의 눈과 마음은 서로 몹시 싸우는도다,
그대 모습을 차지하는 전공戰功의 분할分割을 두고.
눈은 나의 마음이 그대의 초상화 보기를 거부하고,
마음은 눈이 그 권리 누리기를 또 거부하도다.
마음이 변론하기로는 그대는 나의 안에 있다 하고,
그곳은 수정 같은 눈으로는 들여다보지 못하는 밀실이라고 한다.
그러나 피고는 그 변론을 부인하여 가로대,
'수려한 그대의 모습은 오직 내 안에 있다' 하도다.
이 주장을 가리도록 선임選任된 배심원들은
모두 마음에 깃들여 있는 여러 생각들이라,
그리하여 그들의 판결로 맑은 눈의 몫이며
고운 마음의 차지가 정하여졌도다.
　　이를테면 그대의 외양은 나의 눈의 몫이요,
　　그대의 내심의 사랑은 나의 마음의 차지라고.

46

    Mine eye and heart are at a mortal war,
    How to divide the conquest of thy sight;
    Mine eye my heart thy picture's sight would bar,
4   My heart mine eye the freedom of that right.
    My heart doth plead that thou in him dost lie—
    A closet never pierced with crystal eyes;
    But the defendant doth that plea deny,
8   And says in him thy fair appearance lies.
    To 'cide this title is impannelled
    A quest of thoughts, all tenants to the heart;
    And by their verdict is determined
12 The clear eye's moiety, and the dear heart's part:
        As thus—mine eye's due is thy outward part,
        And my heart's right thy inward love of heart.

47

나의 눈과 마음 사이에 동의同意가 이루어져,
이제는 서로 힘써 이익되게 하고자 하노라.
나의 눈이 그대 뵈옵기에 주렸을 때
사랑하는 마음이 한숨으로 스스로 질식해 갈 때
눈은 나의 애인의 영상으로 성연盛宴을 베풀어
그림으로 이루어진 그 자리에 마음을 초청하도다.
때로는 눈이 나의 마음의 빈객이 되어
그가 지닌 연정의 얼마를 분여分與받도다.
그리하여 그대의 영상으로나 또는 나의 사랑으로,
그대는 멀리 있으면서 또 항상 나와 함께 있도다.
이는 그대가 멀리 있다 해도 내 생각이 미치는 이내라,
나는 생각과 항상 함께 있고 생각 또한 그대와 함께 있기에.
  혹 나의 생각이 잠든다 해도 내 안중의 영상은
  마음을 일깨워, 마음을 그리고 눈을 기쁘게 하도다.

47

    Betwixt mine eye and heart a league is took,
    And each doth good turns now unto the other.
    When that mine eye is famished for a look,
4   Or heart in love with sighs himself doth smother,
    With my love's picture then my eye doth feast,
    And to the painted banquet bids my heart.
    Another time mine eye is my heart's guest,
8   And in his thoughts of love doth share a part.
    So either by thy picture or my love,
    Thyself away are present still with me;
    For thou no farther than my thoughts canst move,
12 And I am still with them, and they with thee;
        Or, if they sleep, thy picture in my sight
        Awakes my heart to heart's and eye's delight.

48

아, 내 길 떠날 때면 변변치 않은 물건들을 다 집어넣고,
얼마나 조심스럽게 튼튼한 자물쇠를 채워두는지!
내가 또 쓸 수 있도록 확실하게 간직되어
신의 없는 손에게 사용되지 않도록.
그러나 내 보석들도 그대에 비하면 대수롭지 않은 거라
나의 가장 귀한 위안인 그대는 지금 최대의 고통이라
내가 가장 귀히 여기고 마음 쓰는 그대를,
모든 저속한 도둑의 희생이 되게 내버려두었어라.
그대를 어떤 장롱에도 넣어두지 않고
계신 것 같으면서도 아니 계신 곳
나의 가슴 고요한 속에 감추어두었을 뿐
거기에서 그대가 마음대로 드나들게 하고.
    그리고 거기에서 그대를 도둑맞을까 겁내노라,
    그리도 귀한 것이라서 정직조차 도둑으로 변하게 하리니.

48

How careful was I, when I took my way,
Each trifle under truest bars to thrust,
That to my use it might unused stay
4 From hands of falsehood, in sure wards of trust!
But thou, to whom my jewels trifles are,
Most worthy comfort, now my greatest grief,
Thou best of dearest, and mine only care,
8 Art left the prey of every vulgar thief.
Thee have I not locked up in any chest,
Save where thou art not, though I feel thou art,
Within the gentle closure of my breast,
12 From whence at pleasure thou mayst come and part;
And even thence thou wilt be stol'n, I fear,
For truth proves thievish for a prize so dear.

49

그대가 나의 모자람을 보고 미간을 찌푸릴 때
그대의 사랑이 마지막 총액을 계산하고
심사숙고하여 청산을 요구할 때,
그대가 서먹서먹 내 곁을 지나고,
해님 같은 그대 눈이 내게 아무런 인사도 않을 때,
그런 때가 온다면, 그때를 대비하여,
또 사랑이 옛것과는 달리 변하여
움직일 수 없는 중대한 구실을 찾았을 때—
그때를 대비하여 내가 부족함을 내 인식하여
지금 여기서 내 자신을 방어하노라,
그대 편의 타당한 자유를 지지하고자
나 자신에 반대하여 손들어 증언하노라.
 그대가 불쌍한 나를 저버리는 것은 법이 인정하는 바이라
 내가 사랑받겠노라 주장할 이유가 없나니.

49

Against that time (if ever that time come)
When I shall see thee frown on my defects,
Whenas thy love hath cast his utmost sum,
4   Called to that audit by advised respects—
Against that time when thou shalt strangely pass,
And scarcely greet me with that sun thine eye,
When love converted from the thing it was
8   Shall reasons find of settled gravity—
Against that time do I ensconce me here
Within the knowledge of mine own desert,
And this my hand against myself uprear
12   To guard the lawful reasons on thy part—
    To leave poor me thou hast the strength of laws,
    Since why to love I can allege no cause.

50

나는 우울한 여행을 하고 있노라.
고달픈 여행의 끝인 나의 목적지가
안락과 휴식을 시켜 나에게 이런 말을 하게 할 때
'이리도 멀리 그대는 친구에게서 멀어졌노라!'
말은 비애에 지친 나를 태우고
짐에 겨워 무거운 발을 옮기도다.
내가 그대에게서 멀어짐으로 급행을 싫어하는 줄
그놈이 본능으로 알아차리는 듯이.
피나는 박차拍車도 말을 분발시키지 않아
때로 성이 나서 가죽을 찌르면
괴로운 신음으로 응답하도다.
내가 준 박차보다도 더 날카롭게
　　그 신음 내 마음에 일깨우나니
　　갈수록 비애라, 기쁨을 뒤에 두고.

50

    How heavy do I journey on the way,
    When what I seek (my weary travel's end)
    Doth teach that ease and that repose to say,
4   Thus far the miles are measured from thy friend.
    The beast that bears me, tired with my woe,
    Plods dully on, to bear that weight in me,
    As if by some instinct the wretch did know
8   His rider loved not speed, being made from thee.
    The bloody spur cannot provoke him on,
    That sometimes anger thrusts into his hide;
    Which heavily he answers with a groan,
12 More sharp to me than spurring to his side;
        For that same groan doth put this in my mind—
        My grief lies onward and my joy behind.

51

나의 애정은 나의 우둔한 말의 느림을 용서할 수 있노라,
내 그대 곁을 떠날 때.
그대 있는 곳에서 멀리 가기를 왜 서두르리요?
내 돌아갈 때까지는 급행이 필요없도다.
아, 그때에는 이 가련한 짐승이 무어라 변명할 것인가?
최대의 속력도 느리게만 여겨질 때가 되면,
그때엔 바람을 탔다 한들 박차를 멈추랴,
날개 단 속도엔들 그 움직임을 인식하랴.
그 어느 준마駿馬도 내 욕망에 발맞추지 못할지니.
그런고로 완전한 사랑으로 이루어진 나의 욕망은
우둔한 육체가 아니라 불같이 달리며 소리치리라.
하나 사랑은 받은 호의를 생각하고 내 여읜 말을 용서하리라.
　　그대로부터 떠나는 길이라 말은 일부러 느리게 갔나니,
　　그대에게 가는 길은 내가 달리고 말은 맘대로 가게 하리라.

51

    Thus can my love excuse the slow offence
    Of my dull bearer, when from thee I speed—
    From where thou art, why should I haste me thence?
4 Till I return, of posting is no need.
    O what excuse will my poor beast then find,
    When swift extremity can seem but slow?
    Then should I spur, though mounted on the wind—
8 In winged speed no motion shall I know.
    Then can no horse with my desire keep pace;
    Therefore desire, of perfect'st love being made,
    Shall neigh no dull flesh in his fiery race,
12 But love, for love, thus shall excuse my jade—
        Since from thee going he went wilful slow,
        Towards thee I'll run, and give him leave to go.

52

나는 그 행운의 열쇠를 사용하여
감춰둔 보물을 어느 때고 볼 수 있는 부자와 같아라.
부자는 보물을 시간마다 살피지는 아니하나니,
이는 드물게 보는 즐거움을 무디게 하지 않으렴이라.
그런고로 향연은 오랜 세월 속에 드물게 베풀어져야
장엄하고 진귀하기도 하여라.
이는 드물게 있어 가치 있는 돌과도 같고,
목걸이의 주요한 보석과도 같아라.
나의 장롱이 되어 그대를 간직하고 있는 시간도 그러하여라.
또는 숨겨 두었던 자랑거리를 새로 꺼내어
특별한 경우에 특별한 기쁨을 마련하려고
화려한 의상을 감추어 둔 옷장과도 같이.
  아, 축복된 그대여, 그대의 진가眞價는 크도다,
  내 그대를 보면 승리감을, 못 보면 희망을.

52

    So am I as the rich whose blessed key
    Can bring him to his sweet up-locked treasure,
    The which he will not every hour survey,
4   For blunting the fine point of seldom pleasure.
    Therefore are feasts so solemn and so rare,
    Since seldom coming in the long year set,
    Like stones of worth they thinly placed are,
8   Or captain jewels in the carcanet.
    So is the time that keeps you as my chest,
    Or as the wardrobe which the robe doth hide
    To make some special instant special blest,
12 By new unfolding his imprisoned pride.
        Blessed are you whose worthiness gives scope,
        Being had to triumph, being lacked to hope.

53

그대의 실질은 무엇이며, 그대는 무엇으로 이루어졌느뇨?
수백만의 알지 못할 그림자들이 항상 그대를 모시도다.
누구나 사람마다 그림자 하나만 가졌는데,
그대는 홀로 여러 그림자를 던질 수 있어라.
아도니스를 그려보라, 그 초상은
서투르게 그대와 비슷하리라.
헬렌의 뺨에 모든 미술적 기교가 다 동원되더라도,
그대에게 그리스의 옷을 입혀 새로 그려놓은 것에 불과하리라.
봄을 말하고 풍년을 말하여보라.
하나는 그대의 아름다운 그림자를 보이고,
또 하나는 그대의 은덕을 나타내리라.
그리고 우리는 축복받은 모습 속에 그대를 인식하리로다.
    우아한 모든 외모는 그대와 관련 있지만,
    한결같은 마음, 아무도 그대 같지 않아라.

53

What is your substance, whereof are you made,
That millions of strange shadows on you tend?
Since eyery one hath, every one, one shade,
4 And you, but one, can every shadow lend.
Describe Adonis, and the counterfeit
Is poorly imitated after you;
On Helen's cheek all art of beauty set,
8 And you in Grecian tires are painted new.
Speak of the spring and foison of the year;
The one doth shadow of your beauty show,
The other as your bounty doth appear,
12 And you in every blessed shape we know.
    In all external grace you have some part,
    But you like none, none you, for constant heart.

54

아, 아름다움이 얼마나 더 아름답게 보이는고,
진실이 주는 고운 장식에 의하여!
장미는 아름다워라, 그러나 그 안에 좋은 향기가 있기에
더 아름답게 보여라.
들장미도 그 짙은 꽃빛은
장미의 향기로운 빛깔과 같고
같은 가시 있는 가지에 달려서 분망하게 놀도다,
여름 바람이 그들의 가면 쓴 꽃봉오리를 벗길 때까지.
그러나 그들 미덕은 다만 외양이므로
그들은 사랑도 존경도 받지 못하고 시들어
보람없이 죽도다. 향기로운 장미는 그렇지 않아라,
그들의 향기로운 죽음은 가장 진한 방향으로 만들어졌나니.
　　그대도 또한 그러하여라, 아름답고 사랑스러운 젊은이여,
　　미가 시들 때 진실은 나의 시에 증류蒸溜되리.

54

    O how much more doth beauty beauteous seem,
    By that sweet ornament which truth doth give.
    The rose looks fair, but fairer we it deem
4   For that sweet odor which doth in it live.
    The canker blooms have full as deep a dye
    As the perfumèd tincture of the roses,
    Hang on such thorns, and play as wantonly,
8   When summer's breath their maskèd buds discloses;
    But for their virtue only is their show,
    They live unwooed, and unrespected fade,
    Die to themselves. Sweet roses do not so;
12 Of their sweet deaths are sweetest odors made.
        And so of you, beauteous and lovely youth,
        When that shall vade, by verse distils your truth.

55

대리석도, 왕후를 위하여 세운
금빛 찬란한 기념비도, 이 시보다 오래 남지 못하리라.
오랜 세월에 더럽혀지고 청소도 아니한 비석보다
그대는 이 시 속에 빛나리라.
파괴만 하는 전쟁이 동상銅像을 무너뜨리고,
분쟁이 건축물의 초석礎石을 뽑을 때에도
군신軍神의 칼도, 급한 불도,
그대를 기념하는 이 생생한 기록을 태우지 못하리.
죽음과 모든 것을 잊게 하는 적을 물리치고
그대는 전진하리라, 그대의 예찬은
말세까지 이 지상에 영속할
자자손손의 눈 속에 남으리라.
    그러기에 그대가 재생할 심판날까지
    그대는 내 시 속에, 그리고 애인들 눈 속에 살으리라.

55

Not marble nor the gilded monuments
Of princes shall outlive this powerful rhyme,
But you shall shine more bright in these contents
4 Than unswept stone, besmeared with sluttish time.
When wasteful war shall statues overturn,
And broils root out the work of masonry,
Nor Mars his sword nor war's quick fire shall burn
8 The living record of your memory.
'Gainst death and all oblivious enmity
Shall you pace forth; your praise shall still find room,
Even in the eyes of all posterity
12 That wear this world out to the ending doom.
    So, till the judgement that yourself arise,
    You live in this, and dwell in lovers' eyes.

56

고운 사랑이여, 너의 힘을 새롭게 하라,
너의 칼날이 식욕의 그것보다 무디단 말 듣지 않도록.
식욕이란 채워주면 당장은 누그러지나
이튿날이면 전일의 힘을 되찾아 날카로워지나니.
사랑이여, 너도 그럴지어다. 너의 주린 눈을
포만으로 감기도록 지금 네가 채운다 하더라도
밝은 날 다시 눈떠 보라, 그래서 영원한 졸림으로
사랑의 정기를 죽이는 일이 없게 하라.
이 서러운 시간을 두 해안을 갈라 놓는 대양大洋이게 하라,
그곳에 새로이 약혼한 두 사람이
매일처럼 기슭에 다다라 그들의 사랑이
회복돼 옴을 보게 된다면, 그 광경은 더욱 복돼 보이리라.
   혹 그것을 겨울이라 부르자, 겨울은 걱정으로 가득 차
   여름 오길 삼 배나 바라고, 더 희귀한 걸로 만드느니라.

56

    Sweet love, renew thy force, be it not said
    Thy edge should blunter be than appetite,
    Which but today by feeding is allayed,
4   Tomorrow sharpened in his former might.
    So love be thou, although today thou fill
    Thy hungry eyes, even till they wink with fullness,
    Tomorrow see again, and do not kill
8   The spirit of love with a perpetual dullness.
    Let this sad interim like the ocean be
    Which parts the shore, where two contracted new
    Come daily to the banks, that when they see
12 Return of love, more blest may be the view;
        As call it winter, which being full of care,
        Makes summer's welcome, thrice more wished, more rare.

57

내 그대의 노예가 되었나니 그대가 요구하는 시간에
시중드는 것밖에 무엇을 하리요?
나에게는 소비할 귀중한 시간도 없고
할 일도 없어라, 그대가 명하시기 전에는.
나의 군주여, 내가 그대 위하여 시계를 들여다보는 동안
끝없는 시간을 감히 나무라지도 못하고,
한 번 그대가 하인에게 작별을 고하면
서로 보지 못하는 고통을 괴롭게도 안 여기노라.
그대가 어디 계실까, 무엇을 하시나
질투하는 마음으로 묻지도 않노라.
슬픈 노예인 양 무심히 앉아 있으리,
그대 가는 곳마다 사람들 기쁘게 하시리라 생각하며.
 사랑은 임에게 복종하는 충실한 바보라,
 무엇을 하시든 나쁘게 생각지 않아라.

57

    Being your slave, what should I do but tend
    Upon the hours and times of your desire?
    I have no precious time at all to spend,
4   Nor services to do till you require.
    Nor dare I chide the world without end hour
    Whilst I, my sovereign, watch the clock for you,
    Nor think the bitterness of absence sour,
8   When you have bid your servant once adieu.
    Nor dare I question with my jealous thought
    Where you may be, or your affairs suppose,
    But like a sad slave stay and think of nought
12 Save where you are how happy you make those.
       So true a fool is love, that in your will,
       Though you do anything, he thinks no ill.

58

애초에 나를 그대의 노예로 삼았던 신이여,
행여 그대의 즐거운 시간, 내 마음으로라도 제약치 못하게 하고
보낸 시간에 대한 그대의 설명, 내 요구치 못하게 금하시라.
나는 그대 시종이요, 그대 한가로운 때에 모시도록 돼 있나니!
아, 그대 하라시는 대로 하는 몸이니, 그대 안 계신 동안의
나의 옥에 갇힌 듯한 생활을, 나로 하여 참게 하시라.
고난을 겪는 데 길든 참을성이, 모든 비난을 견디어
모욕을 주셔도 그대를 책망치 않게 하시라.
그대 어디에 계시건 그대의 특권은 강대하므로
그대의 뜻하는 바 그 어떤 일에도
그대의 시간을 소비하실 수 있고, 또 스스로 이루신 잘못을
용서하고 아니 하고도 그대에게 속하여 있나니라.
　　나는 그저 기다릴 뿐, 기다림이 비록 지옥 같다 해도
　　언짢건 좋건 그대의 향락을 책망 않으리.

58

That god forbid, that made me first your slave,
I should in thought control your times of pleasure,
Or at your hand the account of hours to crave,
4 Being your vassal bound to stay your leisure.
O let me suffer, being at your beck,
Th' imprisoned absence of your liberty—
And patience tame to sufferance bide each check,
8 Without accusing you of injury.
Be where you list, your charter is so strong,
That you yourself may privilege your time
To what you will; to you it doth belong
12 Yourself to pardon of self-doing crime.
    I am to wait, though waiting so be hell,
    Not blame your pleasure, be it ill or well.

59

만약 전에 있던 것 외에 새로운 것이 또 없다면,
우리의 두뇌는 얼마나 기만을 당하고 있는 것이뇨.
새로 창작하려 애쓰면서 이미 낳은 아이를
두 번 다시 낳는 고역을 헛되이 겪고 있으리니!
아! 기록에 의하여 태양의 5백 주기의 옛날까지도
거슬러 올라가,
사람의 마음이 애초에 문자로 씌어진 이후
어느 고서古書에서 그대에 합당한 영상을 볼 수 있기를.
그리하여 그대의 조화 이룬 놀라운 아름다움을 대한다면,
옛 세상이 무어라 일컬었을까를 내 알 수 있기를.
우리가 더욱 뛰어날까, 혹 그들이 우리보다 더욱 나을까,
또는 세상은 바뀌었어도 같은가를.
  아! 그러나 나는 확신하노라, 옛날 재인才人들은
  훨씬 못한 사람들에게 찬미를 바치었으리라는 것을.

59

    If there be nothing new, but that which is
    Hath been before, how are our brains beguiled,
    Which, lab'ring for invention, bear amiss
4   The second burthen of a former child!
    O, that record could with a backward look,
    Ev'n of five hundred courses of the sun,
    Show me your image in some antique book,
8   Since mind at first in character was done,
    That I might see what the old world could say
    To this composed wonder of your frame;
    Whether we are mended, or where better they,
12 Or whether revolution be the same.
        O sure I am the wits of former days
        To subjects worse have giv'n admiring praise.

60

파도가 조약돌 깔린 해변으로 들이치듯이,
시간은 종말을 향해 달음질치도다.
앞서거니 뒤서거니 자리를 바꾸며
연달아 앞을 다투도다.
한때 맑은 대양大洋에 태어나
점점 성숙하여 화관花冠을 받고 나면
짓궂은 일식日蝕이 그 영광을 잠식하도다.
이리하여 시간은 갖다준 선물을 파괴하도다.
세월은 청춘에게 주었던 꽃을 변모시키고,
그 아름다운 이마에 주름을 그어 놓고,
자연의 진리로 이룬 진품珍品을 먹이로 하도다.
그의 낫 끝이 베려는 곳에 견디는 것 없어라.
    그러나 내 시는 시간의 잔인을 물리치고,
    그대를 찬양하려 길이 남으리라.

60

    Like as the waves make towards the pebbled shore,
    So do our minutes hasten to their end,
    Each changing place with that which goes before,
4 In sequent toil all forwards do contend.
    Nativity, once in the main of light,
    Crawls to maturity, wherewith being crowned,
    Crooked eclipses 'gainst his glory fight,
8 And time that gave doth now his gift confound.
    Time doth transfix the flourish set on youth,
    And delves the parallels in beauty's brow,
    Feeds on the rarities of nature's truth,
12 And nothing stands but for his scythe to mow.
        And yet to times in hope my verse shall stand,
        Praising thy worth, despite his cruel hand.

61

고달픈 밤 늦게까지 그대의 영상을 찾느라
감기는 나의 눈을 뜨고 있게 함은, 그대 뜻인가?
그대 닮은 그림자로 하여금 나의 눈을 속여
선잠 깨게 하는 것을 그대는 바라느뇨?
그것은 내게서 부끄러운 짓, 어리석은 때 찾아내고자
나의 소행을 살펴보기 위하여 멀리 계신 그대가,
그대의 정신을 보내시는 것인가?
나를 그대의 질투의 대상으로 여겨.
오! 아니라, 그대의 사랑 많긴 하나 그럴 만큼 크진 못하도다.
나의 눈을 깨어 있게 하는 것은 내 사랑이라.
그대 위해 잠 안 자고 번番을 들면서
내 안식을 교란하는 것도 바로 나의 참된 사랑이라.
    나는 그대 위하여 지켜보노라, 그대 먼 곳에서
    모르는 이들을 가까이 데리고 깨어 계실 때.

61

    Is it thy will thy image should keep open
    My heavy eyelids to the weary night?
    Dost thou desire my slumbers should be broken,
4   While shadows like to thee do mock my sight?
    Is it thy spirit that thou send'st from thee
    So far from home into my deeds to pry,
    To find out shames and idle hours in me,
8   The scope and tenor of thy jealousy?
    O no, thy love, though much, is not so great.
    It is my love that keeps mine eye awake,
    Mine own true love that doth my rest defeat,
12 To play the watchman ever for thy sake.
        For thee watch I, whilst thou dost wake elsewhere,
        From me far off, with others all too near.

62

자아도취의 죄가 나의 눈을 모두 점령하도다,
온통 나의 영혼도 또 신체 각 부분도.
이 죄악에 대한 치료법은 없나니
그것이 내 가슴속 하도 깊이 놓여 있기 때문이라.
내 생각에 나의 얼굴만큼 수려한 것도 없어라.
이만큼 이상적인 모습도 없고 이만큼 진실한 마음도 없어라.
그리하여 스스로 나의 미덕을 들추어 보도다,
모든 타인들을 모든 점에서 내가 능가하노라 해서.
그러나 한 번 거울이 나의 늙어 찌들어져서
겉고 갈라진 모습을 보여줄 때면
나는 내 자아도취의 의미를 전혀 달리 읽노라.
그토록 자아도취에 빠진 나는 큰 부정이라고.
　　내가 자찬하는 바는 바로 나 자신은 그대이노라,
　　그대의 청춘의 아름다움을 빌어 나의 늙음을 치장하며.

62

    Sin of self-love possesseth all mine eye,
    And all my soul, and all my every part;
    And for this sin there is no remedy,
4   It is so grounded inward in my heart.
    Methinks no face so gracious is as mine,
    No shape so true, no truth of such account,
    And for myself mine own worths do define,
8   As I all other in all worths surmount.
    But when my glass shows me myself indeed
    Beated and chopped with tanned antiquity,
    Mine own self-love quite contrary I read;
12 Self so self-loving were iniquity.
        'Tis thee, myself, that for myself I praise,
        Painting my age with beauty of thy days.

63

나의 애인이 지금 나처럼 시간의 독한 마수에 걸려
구겨지고 거칠어질 때를 대비하여,
세월이 그의 젊은 피를 마셔 없애고
그의 이마를 주름과 잔금으로 가득 채울 때
그의 청춘의 아침이 노년의 가파른 밤에 이를 때
지금은 그가 왕으로 군림하여 소유하는 모든 아름다움이
그의 전성시기의 보물들을 훔쳐 가지고
사라져 가거나 또는 아주 보이잖게 사라져 버릴 때
그와 같은 때를 위해 나는 스스로 강화하여
파괴적인 노쇠의 잔인한 칼에 대비하도다.
그래서 비록 나의 애인의 생명은 끊어낸다 할지라도,
그의 젊은 때의 아름다움에 관한 기억만은 끊잖게 하리라.
    그의 아름다움은 먹으로 쓴 이 글줄에서 보게 되리라.
    글줄은 불멸하고 그도 그 속에서 길이 푸르리라.

63

    Against my love shall be as I am now,
    With time's injurious hand crushed and o'erworn;
    When hours have drained his blood and filled his brow
4   With lines and wrinkles, when his youthful morn
    Hath traveled on to age's steepy night,
    And all those beauties whereof now he's king
    Are vanishing, or vanished out of sight,
8   Stealing away the treasure of his spring—
    For such a time do I now fortify
    Against confounding age's cruel knife,
    That he shall never cut from memory
12 My sweet love's beauty, though my lover's life.
        His beauty shall in these black lines be seen,
        And they shall live, and he in them still green.

64

세월의 잔인한 손에 상하여, 옛 시대의
호화스럽던 사치가 낡아 매몰된 것을 볼 때,
한때 하늘 높이 솟았던 탑이 넘어지고
영원히 남을 동상이 인간의 분노에 희생된 것을 볼 때,
대양大洋이 주린 듯 해변가 왕국을 범하여
그 면적을 늘이고
또 견고한 땅이 바다를 먹어나가
손損에 의해 득得하고, 득에 의해 손됨을 볼 때,
내 이런 상태의 변화
또는 호화豪華 자체가 쇠퇴하여 멸망하는 것을 볼 때,
황폐荒廢는 나에게 이런 생각을 되살게 하노라,
마침내 내 애인을 빼앗아갈 때가 오리라고.
    이런 생각은 죽음과도 같아라, 잃을까 겁나는
    그런 물건을 갖고 있는 심정은 울 수밖에는 없어라.

64

When I have seen by time's fell hand defaced
The rich proud cost of outworn buried age,
When sometime lofty towers I see down razed
And brass eternal slave to mortal rage,
When I have seen the hungry ocean gain
Advantage on the kingdom of the shore,
And the firm soil win of the watery main,
Increasing store with loss and loss with store,
When I have seen such interchange of state,
Or state itself confounded to decay,
Ruin hath taught me thus to ruminate,
That time will come and take my love away.
　　This thought is as a death, which cannot choose
　　But weep to have that which it fears to lose.

65

황동黃銅도 암석도 대지도 가없는 바다도,
참담한 죽음이 그들의 세력 위에 군림하니
힘이 꽃송이 하나보다 강할 것 없는
미가 이 폭력에 대항하여 무슨 항변을 세우랴?
부딪쳐오는 세월의 파괴적 포위에 대하여
아! 여름날은 그 감미로운 숨결을 어이 유지할 수 있으리요?
시간이 부수지 못하리만큼 튼튼한 철문도 있을 수 없고,
요지부동의 암석들도 그만큼 견고하지 못한 법이니.
아, 두려운 명상! 시간의 상자에서 꺼내어
가장 귀한 보석을 감춰둘 곳은 어디인고?
어떤 강한 손이 시간의 빠른 발걸음을 억제하며
또 누가 미를 파괴하는 그를 금지할 수 있겠는고?
    아무도 없도다! 다만 이 기적에만 위력이 있고
    검은 먹 속에 나의 사랑이 오래오래 빛나게 하는 수밖에.

65

    Since brass, nor stone, nor earth, nor boundless sea,
    But sad mortality o'ersways their power,
    How with this rage shall beauty hold a plea,
4   Whose action is no stronger than a flower?
    O, how shall summer's honey breath hold out
    Against the wrackful siege of batt'ring days,
    When rocks impregnable are not so stout,
8   Nor gates of steel so strong but time decays?
    O fearful meditation; where, alack,
    Shall time's best jewel from time's chest lie hid?
    Or what strong hand can hold his swift foot back?
12 Or who his spoil or beauty can forbid?
        O, none, unless this miracle have might,
        That in black ink my love may still shine bright.

66

이 모든 것에 싫증나 내 죽음의 안식을 희구하노라.
재덕才德이 걸인乞人으로 태어난 것을 보고,
공허가 화려하게 성장한 것을 보고,
순진한 신의信義는 불행히 기만당한 것을 보고,
찬란한 명예가 부끄럽게 잘못 주어진 것을 보고,
처녀의 정조가 무참히도 짓밟히는 것을 보고,
올바른 완성完成이 부당하게 욕을 당한 것을 보고,
강한 힘이 절름발이에 제어되어 무력화된 것을 보고,
예술이 권력 앞에 벙어리가 된 것을 보고,
바보가 박사인 양 기술자를 통제하는 것을 보고,
솔직한 진실이 잘못 불리는 것을 보고,
선한 포로가 악한 적장을 섬기는 것을 볼 때,
    이 모든 것에 싫증이 나 나 죽고자 하노라,
    죽는 것이 사랑을 두고 가는 것이 아니라면.

66

    Tir'd with all these, for restful death I cry,
    As to behold desert a beggar born,
    And needy nothing trimmed in jollity,
4   And purest faith unhappily forsworn,
    And gilded honor shamefully misplaced,
    And maiden virtue rudely strumpeted,
    And right perfection wrongfully disgraced,
8   And strength by limping sway disablèd,
    And art made tongue-tied by authority,
    And folly, doctor-like controlling skill,
    And simple truth miscalled simplicity,
12 And captive good attending captain ill.
        Tir'd with all these, from these would I be gone,
        Save that to die, I leave my love alone.

67

아! 어찌하여 그는 부패한 속세와 더불어 살아야 하는고?
불량배들에게 은총을 베풀고
그들의 죄악을 유리하게 하여 주고
그들과 사귀어 그들의 장식품이 돼야 하느뇨?
어찌하여 허위의 화장이 그의 뺨을 모방하고
그의 생기 있는 살갗에서 죽은 빛을 훔쳐가야 하느뇨?
어찌하여 변변치 않은 미가
불순하게 장미를 구해야 되느뇨? 그의 장미 좋다 하여.
그는 왜 살아야 하느뇨? 자연이 파산하여
산 혈관 속에서 붉게 흐를 피도 없는 지금.
지금 자연이 가진 자원資源이라고는 그뿐이래서
많은 것을 뽐내면서도 그의 수입으로 사도다.
  아, 자연이 그를 간직함은 예전 재물을 과시하려 함이라.
  오래 전에, 사람들이 그리 나쁘게 되기 전에.

67

    Ah, wherefore with infection should he live,
    And with his presence grace impiety,
    That sin by him advantage should achieve,
4   And lace itself with his society?
    Why should false painting imitate his cheek,
    And steal dead seeing of his living hue?
    Why should poor beauty indirectly seek
8   Roses of shadow, since his rose is true?
    Why should he live, now nature bankrupt is,
    Beggared of blood to blush through lively veins?
    For she hath no exchequer now but his,
12 And, proud of many, lives upon his gains.
        O, him she stores, to show what wealth she had
        In days long since, before these last so bad.

68

이와 같이 그의 얼굴은 스러진 옛날의 전형이어라.
그때는 미가 지금의 화초처럼 나고 죽고 하던 때요,
미의 천한 사생아들이 태어나기 이전이요,
그것들이 감히 살아 있는 이마 위에 앉아 있기 이전이라.
당연히 묘지의 소유물인 죽은 자의 금빛 머릿단이
제2의 머리 위에서, 제2의 삶을 영위코자
잘라지기 이전이요,
죽은 미인의 털옷이 또 다른 사람을 치장시키기 이전이라.
옛날의 성스러운 모습을 그에게서 보게 되도다,
장식이라고는 없고 오직 참모습의 자신뿐,
한여름 경치를 꾸미려고 다른 것의 푸르름을 빌지도 않고,
죽은 자의 미를 벗겨 치장을 새로이 하지도 않고.
    그래 거짓 기술에게 옛날의 미가 어떠했던가를 보이고자
    자연은 그로써 전형을 삼고 그를 간직하여 두도다.

68

Thus is his cheek the map of days outworn,
When beauty lived and died as flow'rs do now,
Before these bastard signs of fair were borne,
4 Or durst inhabit on a living brow—
Before the golden tresses of the dead,
The right of sepulchers, were shorn away
To live a second life on second head—
8 Ere beauty's dead fleece made another gay.
In him those holy antique hours are seen,
Without all ornament, itself and true,
Making no summer of another's green,
12 Robbing no old to dress his beauty new;
　　And him as for a map doth nature store,
　　To show false art what beauty was of yore.

69

사람들의 눈이 보는 그대의 각 부분은
마음이 할 수 있는 개선을 필요로 하지 않노라.
영혼의 음성인 모든 사람의 입이 그대에게 당연한 찬사 주도다.
가식 없는 진실이라 적까지도 그렇게 말하리라.
그대의 외양은 외부의 찬양으로 영예를 얻도다.
그러나 그대에게 당연한 것을 그대에게 준 그 같은 혀가
눈으로 보아온 것보다 더 깊이 보고
어조를 바꾸어 그 칭찬을 취소하도다.
그들은 그대의 마음의 미를 들여다보고,
그대의 행실을 참작하여 그것을 재려고 하도다.
눈은 상냥하였었으나 생각은 인색하게
그대의 아름다운 꽃에 잡초의 악취가 있다 하는도다.
    그럼 어찌해 그대의 냄새는 외양과 일치하지 않느뇨.
    이는 그대가 세속과 섞여 살아가기 때문이로다.

69

Those parts of thee that the world's eye doth view
Want nothing that the thought of hearts can mend.
All tongues, the voice of souls, give thee that due,
4   Utt'ring bare truth, ev'n so as foes commend.
Thy outward thus with outward praise is crowned,
But those same tongues that give thee so thine own,
In other accents do this praise confound
8   By seeing farther than the eye hath shown.
They look into the beauty of thy mind,
And that in guess they measure by thy deeds;
Then, churls, their thoughts— although their eyes were kind—
12 To thy fair flow'r add the rank smell of weeds:
    But why thy odor matcheth not thy show,
    The soil is this, that thou dost common grow.

70

그대가 비방받는 것이 그대의 결점일 수는 없도다.
이는 아름다운 것이 언제나 비방의 표적이었기 때문이라.
혐의를 받음은 미의 자랑이라,
하늘의 가장 맑은 바람결을 까마귀는 나는도다.
따라서 그대가 선하다면 시대의 인기를 얻어
비방은 그대의 가치가 더 위대함을 증명하여 줄 뿐이로다.
나쁜 자벌레는 가장 어여쁜 꽃봉오리를 사랑하고,
그대는 순결한 한창 시절을 보이도다.
그대는 젊은 시절의 액운을 모면했어라,
타격을 받지 않았거나, 또는 습격을 물리친 승리자 되어서.
그러나 이렇게 받은 칭찬은 그대의 영예는 되려니와
영원히 커지는 시기심을 묶어둘 만큼 크지는 못하도다.
    만약 악한 시기심이 그대의 외모를 가리지만 않는다면,
    그대만이 여러 마음들의 영토를 소유케 되리.

70

That thou art blamed shall not be thy defect,
For slander's mark was ever yet the fair;
The ornament of beauty is suspect,
4   A crow that flies in heaven's sweetest air.
So thou be good, slander doth but approve
Thy worth the greater, being wooed of time;
For canker vice the sweetest buds doth love,
8   And thou present'st a pure unstained prime.
Thou hast passed by the ambush of young days,
Either not assailed, or victor being charged;
Yet this thy praise cannot be so thy praise,
12   To tie up envy, evermore enlarged.
      If some suspect of ill masked not thy show,
      Then thou alone kingdoms of hearts shouldst owe.

71

내가 죽어 음산한 종소리가,
내가 이 저열한 세상을 떠나
가장 저열한 벌레와 살러 간 것을 알리거든,
그대 더 오래 슬퍼 말라.
그리고 이 시구를 읽더라도 그 필자는 생각지도 말라.
내 그대를 극진히 사랑하기에, 그대가
나 때문에 슬퍼하는 것보다, 그대의
고운 생각 속에서 잊어지기를 바라노라.
내 말하노니, 아마도 내가 흙이 되었을 때
그대가 이 시구를 읽더라도
나의 대수롭지 않은 이름을 입 밖에 내지 말고,
그대의 사랑도 나의 목숨과 함께 소멸하게 하라.
    영리한 세상이 그대가 애탄하는 것을 보고
    나 죽은 후 그대를 조롱하지 않도록.

71

No longer mourn for me when I am dead
Than you shall hear the surly sullen bell
Give warning to the world that I am fled
4 From this vile world with vilest worms to dwell.
Nay, if you read this line, remember not
The hand that writ it, for I love you so,
That I in your sweet thoughts world be forgot,
8 If thinking on me then should make you woe.
O if, I say, you look upon this verse,
When I, perhaps, compounded am with clay,
Do not so much as my poor name rehearse,
12 But let your love ev'n with my life decay,
    Lest the wise world should look into your moan,
    And mock you with me after I am gone.

72

아! 나 죽은 후까지 그대가 나를 사랑한다면
세상 사람들은 어떤 큰 덕이 내게 있었느냐고 물으리라.
그대여, 나를 완전히 잊어버리라.
나에게는 가치 있는 것이 하나도 없나니.
그대는 후덕한 거짓말을 만들어서
나의 진가 이상으로 나를 평가하고,
인색한 진실이 기꺼이 주려는 것 이상으로
죽은 나에게 칭찬을 하지 않는 한.
사랑을 위하여 거짓 나를 칭찬하므로
아! 그대의 진실한 사랑이 거짓으로 아니 보이게,
내 이름도 내 몸이 있는 곳에 묻어버리고,
내게도 그대에게도 수치가 되지 않게 하라.
    나는 내가 산출産出한 것 때문에 부끄럽고,
    그대는 가치 없는 것을 사랑하므로 부끄럽나니.

72

    O, lest the world should task you to recite
    What merit lived in me that you should love
    After my death, dear love, forget me quite,
4 For you in me can nothing worthy prove;
    Unless you would devise some virtuous lie,
    To do more for me than mine own desert,
    And hang more praise upon deceasèd I,
8 Than niggard truth would willingly impart.
    O lest your true love may seem false in this,
    That you for love speak well of me untrue,
    My name be buried where my body is,
12 And live no more to shame nor me nor you.
        For I am shamed by that which I bring forth,
        And so should you, to love things nothing worth.

73

그대 나에게서 늦은 계절을 보리라,
누런 잎이 몇 잎 또는 하나도 없이
삭풍에 떠는 나뭇가지
고운 새들이 노래하던 이 폐허된 성가대석聖歌隊席을
나에게서 그대 석양이 서천에
이미 넘어간 그런 황혼을 보리라,
모든 것을 안식 속에 담을 제2의 죽음.
그 암흑의 밤이 닥쳐올 황혼을
그대는 나에게서 이런 불빛을 보리라.
청춘이 탄 재, 임종의 침대 위에
불을 붙게 한 연료에 소진되어
꺼져야만 할 불빛을.
    그대 이것을 보면 안타까워져
    오래지 않아 두고 갈 것을 더욱더 사랑하리라.

73

    That time of year thou mayst in me behold,
    When yellow leaves, or none, or few, do hang
    Upon those boughs which shake against the cold,
4   Bare ruined choirs, where late the sweet birds sang.
    In me thou seest the twilight of such day,
    As after sunset fadeth in the west,
    Which by and by black night doth take away,
8   Death's second self, that seals up all in rest.
    In me thou seest the glowing of such fire,
    That on the ashes of his youth doth lie,
    As the death-bed whereon it must expire,
12 Consumed with that which it was nourished by.
        This thou perceiv'st, which makes thy love more strong,
        To love that well which thou must leave ere long.

74

그러나 안심하시라. 저 잔악한 포교捕校가
어떠한 보석保釋도 허락치 않고 나를 데려갈 때면
나의 생명은 이 시 안에 얼마의 몫을 가져
이 시는 오래도록 그대 곁에 있는 나의 기념물이 되리라.
그대가 이 시를 다시 읽으시면, 그 핵심이
그대께 바쳐졌음을 아시리라.
흙에 돌아가는 것 오직 흙뿐이라, 이는 당연한 그의 몫이요.
그처럼 나의 영혼은 그대의 것, 그것은 나의 좋은 부분이라.
나의 육신이 죽어서 벌레의 제물이 되어도
그대가 잃은 것은 단지 생명의 찌꺼기일 뿐.
어느 철면피의 칼에 비열한 승리가 이루어져도
이는 그대가 기억하시기엔 너무 미천한 일이어라.
　　그것의 가치는 그것이 안에 지니고 있는 것이라,
　　그것은 바로 이것*으로, 이는 그대와 함께 남을 것이니라.

---

* 여기에서 '이것'은 이 시(詩)를 가리킴.

74

    But be contented when that fell arrest
    Without all bail shall carry me away,
    My life hath in this line some interest,
4   Which for memorial still with thee shall stay.
    When thou reviewest this, thou dost review
    The very part was consecrate to thee.
    The earth can have but earth, which is his due;
8   My spirit is thine, the better part of me.
    So then thou hast but lost the dregs of life,
    The prey of worms, my body being dead,
    The coward conquest of a wretch's knife,
12 Too base of thee to be rememb'red.
        The worth of that is that which it contains,
        And that is this, and this with thee remains.

75

그러니 나의 상념에 대하여 그대는 생명에 대한 음식과 같고,
또 대지에 대한 단비와 같도다.
그대가 주는 평화로 인하여 나는 안타깝도다,
마치 인색한 자가 그의 재산 때문에 고민하듯이.
소유자로서 그는 지금 자랑스러우나
자기 보물을 부정한 세상이 탈취하잖을까 가끔 겁내도다.
때로는 그대하고만 함께 있는 것을 최상으로 여기고,
또 세상 사람들에게 나의 기쁨을 보여 더 복되고 싶어하도다.
때로는 그대의 모습을 겹도록 보고
얼마 안 가서 잠깐이라도 뵈옵기를 갈망하노라.
나는 그대가 주신 것이나, 그대에게서 취하는 것 이외의
그 어떤 즐거움도 소유하지 않고 추구도 하지 않나니.
　　이처럼 나날이 나는 굶주리기도 하고 포식도 하노라,
　　모두 탐식하고 또 아무것도 없고.

75

    So are you to my thoughts as food to life,
    Or as sweet seasoned show'rs are to the ground;
    And for the peace of you I hold such strife,
4   As 'twixt a miser and his wealth is found:
    Now proud as an enjoyer, and anon
    Doubting the filching age will steal his treasure;
    Now counting best to be with you alone,
8   Then bettered that the world may see my pleasure;
    Sometime all full with feasting on your sight,
    And by and by clean starvèd for a look;
    Possessing or pursuing no delight
12 Save what is had or must from you be took.
        Thus do I pine and surfeit day by day,
        Or gluttoning on all, or all away.

76

어찌하여 나의 시에는 새로운 장식裝飾이 없고,
다양한 모습이나 발랄한 변화가 없는고?
어찌하여 나는 유행을 좇아
새로 발명된 방식이나 신기한 혼합법에 곁눈질 아니하는고?
어찌하여 나는 한결같이 한 가지에 관해서만 쓰고
나의 창작에 이미 널리 알려진 의상만을 입혀서
글자 하나하나가 내 이름을 드러내게 하고,
그들의 집안, 그들의 내력을 훤히 말하게 하는고?
아! 나의 고운 님이여, 이는 내 항상 그대에 관해서만 쓰고,
그대와 사랑만이 언제나 나의 주제主題이기 때문이라.
이리하여 나의 최선의 작품은 옛글에 새옷 입히고,
이미 사용되었던 바를 다시 사용하게 되노라.
    저 태양이 날마다 새롭고도 오래된 거와 같이
    나의 사랑도 이미 말한 것을 두고두고 이야기하노라.

76

Why is my verse so barren of new pride,
So far from variation or quick change?
Why with the time do I not glance aside
4   To new-found methods, and to compounds strange?
Why write I still all one, ever the same,
And keep invention in a noted weed,
That every word doth almost tell my name,
8   Showing their birth, and where they did proceed?
O know, sweet love, I always write of you,
And you and love are still my argument.
So all my best is dressing old words new,
12 Spending again what is already spent:
    For as the sun is daily new and old,
    So is my love still telling what is told.

77

그대의 거울은 그대 아름다움이 얼마나 깎이는가를 보여주리라.
그대의 해시계는 그대 귀한 시간이 어떻게 낭비되는가 보여주리라.
또 이 빈 종잇장은 그대의 마음의 자취를 지니리라.
그대는 이 책에서 이러한 교훈을 음미吟味하리라.
그대의 거울이 진실하게 보여주는 이마 주름은,
입을 벌린 무덤의 기억을 주리라.
그대는 시계의 숨어서 가는 그림자를 보고
영원으로 향하는 시간의 밀행密行을 알리라.
보라! 그대의 기억이 간직하지 못하는 것은
이 빈 지면地面에 맡기라.
하면 그대의 두뇌에서 태어나 길러지는 아이들을 발견하고
그대 마음의 새 친교親交를 얻으리라.
    거울과 시계를 들여다볼 때마다
    그대는 이익을 얻고 이 책은 풍부해지리라.

77

    Thy glass will show thee how thy beauties wear,
    Thy dial how thy precious minutes waste;
    The vacant leaves thy mind's imprint will bear,
4   And of this book this learning mayst thou taste.
    The wrinkles which thy glass will truly show,
    Of mouthèd graves will give thee memory;
    Thou by thy dial's shady stealth mayst know
8   Time's thievish progress to eternity.
    Look what thy memory cannot contain,
    Commit to these waste blanks, and thou shalt find
    Those children nursed, delivered from thy brain,
12   To take a new acquaintance of thy mind.
        These offices, so oft as thou wilt look,
        Shall profit thee, and much enrich thy book.

78

그리도 자주 그대를 불러
나의 시 속에 아름다운 원조를 얻었어라.
낯 모르는 시인들이 나를 모방하고,
그대의 후원 아래 그들의 시를 발표하도다.
벙어리로 하여금 소리 높이 노래 부르기를 가르치고,
둔한 무지無知를 높이 날게 한 그대의 눈은
박학한 날개에 깃털을 더해 주고
우아에게 갑절의 존엄성을 주었어라.
그러나 내가 짓는 것을 최대의 자랑으로 하라.
그 영감은 그대의 것이요, 그대에게서 얻은 것이니.
다른 시인의 작품에서는, 그대는 문체만을 고치도다.
그리고 그대의 고운 미덕은 그들의 예술을 우아하게 하도다.
  그러나 그대는 나의 예술의 전부이라,
  나의 무딘 무지를 높여 박식과 같이 만들도다.

78

So oft have I invoked thee for my muse,
And found such fair assistance in my verse,
As every alien pen hath got my use,
4 And under thee their poesy disperse.
Thine eyes, that taught the dumb on high to sing,
And heavy ignorance aloft to fly,
Have added feathers to the learned's wing,
8 And given grace a double majesty.
Yet be most proud of that which I compile,
Whose influence is thine, and born of thee.
In others' works thou dost but mend the style,
12 And arts with thy sweet graces graced be;
    But thou art all my art, and dost advance
    As high as learning my rude ignorance.

79

나만이 그대의 원조를 구하던 때에는
내 시구는 그대의 모든 자혜로운 영향을 받았었노라.
그러나 지금 나의 우아한 시구는 쇠퇴하고,
병든 나의 시신(詩神)은 다른 이에게 자리를 내주었노라.
고운 사랑이여, 그대의 사랑스러운 주제는
훨씬 우수한 시인이 진통을 겪을 가치가 있도다.
그러나 그대의 시인이 그대에 대하여 창작한 것은
그대에게서 뺏아갔다가 다시 그대에게 돌려준 것뿐이라.
시신은 그대의 '덕'을 칭송하도다.
그 '덕'이란 말은 그대의 행동에서 탈취한 것이라.
그는 '미'를 주도다, 그것은 그대의 뺨에서 발견한 것이라.
그는 그대에게 있는 것 외엔 아무 찬사도 줄 수 없노라.
    그렇다면 그가 말하는 것에 대해 감사하지 말라,
    그가 그대에게 빚지고 있는 것을 그대 자신이 지불하나니.

79

Whilst I alone did call upon thy aid,
My verse alone had all thy gentle grace,
But now my gracious numbers are decayed,
4   And my sick muse doth give another place.
I grant, sweet love, thy lovely argument
Deserves the travail of a worthier pen,
Yet what of thee thy poet doth invent
8   He robs thee of and pays it thee again.
He lends thee virtue, and he stole that word
From thy behaviour; beauty doth he give
And found it in thy cheek; he can afford
12 No praise to thee but when in thee doth live.
   Then thank him not for that which he doth say,
   Since what he owes thee thou thyself dost pay.

80

아! 내 그대에 대해 글을 쓴다면 기절할 것 같아라.
나보다 나은 분이 그대의 이름을 쳐들며
그 찬미에 모든 그의 역량을 발휘하는 것을 앎으로,
나를 벙어리로 만들고 그대의 영예를 일컬으며
그러나 그대의 은덕 대양같이 넓어
미천한 돛도 교만한 돛도 포용하고,
그의 배보다 훨씬 못한 나의 버릇없는 작은 배도
그대의 큰 바다 위에 뻔뻔스럽게 나타나도다.
그대가 조금만 원조를 주시면 나는 뜨리라,
측량할 수 없이 깊은 그대의 위를 그가 항해할 때에.
불우하게 파선을 당하더라도, 나는 보잘것없는 배이로다,
그는 드높게 만든 늠름한 자랑이지만.
　그러니 그가 번영하고 내가 버림을 받더라도
　최악은 이것이다. 내 사랑이 나를 몰락시켰을 뿐.

80

O, how I faint when I of you do write,
Knowing a better spirit doth use your name,
And in the praise thereof spends all his might,
4   To make me tongue-tied speaking of your fame.
But, since your worth, wide as the ocean is,
The humble as the proudest sail doth bear,
My saucy bark, inferior far to his,
8   On your broad main doth wilfully appear.
Your shallowest help will hold me up afloat,
Whilst he upon your soundless deep doth ride;
Or, being wracked, I am a worthless boat,
12 He of tall building and of goodly pride.
    Then, if he thrive and I be cast away,
    The worst was this: my love was my decay.

81

어쩌면 내가 그대의 묘비를 쓰게끔 오래 살지도 모르고,
어쩌면 내가 흙 속에서 썩고 있을 때 그대 살아 있을 것이라.
어쨌든 그대의 기억은 죽음도 뺏아가지 못하리라.
내게 속하는 모든 것이 다 잊어진다 해도.
그대의 이름은 이 시에 의하여 영생하리라,
나는 한 번 죽으면 이 세상의 모든 것이 끝나지마는
그리고 땅은 나에게 보통 무덤만을 주지만,
그대는 사람들의 눈 속에 누우리라.
그대의 비문은 나의 정다운 시라.
그것은 아직 창조되지 않은 눈들이 읽고,
이 세상에 태어날 혀들이 그대의 이야기를 하리라.
지금 숨을 쉬고 있는 사람들이 죽었을 때에.
    그대는 영원히 살리라―내 붓은 그런 힘 있나니―
    숨결이 약동하는 곳, 사람의 입 속에서.

81

    Or I shall live your epitaph to make,
Or you survive when I in earth am rotten,
From hence your memory death cannot take,
4 Although in me each part will be forgotten.
Your name from hence immortal life shall have,
Though I, once gone, to all the world must die.
The earth can yield me but a common grave,
8 When you entombed in men's eyes shall lie.
Your monument shall be my gentle verse,
Which eyes not yet created shall o'er-read,
And tongues to be your being shall rehearse,
12 When all the breathers of this world are dead,
        You still shall live— such virtue hath my pen—
        Where breath most breathes, ev'n in the mouths of men.

82

그대는 나의 시신詩神과 결혼하지 않았나니,
다른 문인들이 그들의 아름다운 주제인
그대에게 바치는 말들을 읽고,
그 각 편의 치하에, 불명예스럽지 않을 거라.
그대는 자색姿色에 있어서와 같이 지식에 있어서도
그대의 진가는 내가 예찬할 수 있는 이상의 것이라.
그러므로 전진前進한 시대의 청신한 증명서를
새로 찾게 되었으리라.
사랑하는 이여, 그렇게 하라.
하나 그들의 수사학이 줄 수 있는 최대의 과장을 한다더라도
그대가 참으로 수려함은
그대의 진실을 말할 친구의 참된 말 속에 여실히 나타나리라.
    그들의 야비한 분칠은 혈색 없는 뺨에나 좋을 것이라.
    그대에게 쓰는 것은 잘못이로다.

82

    I grant thou wert not married to my muse,
    And therefore mayst without attaint o'erlook
    The dedicated words which writers use
4   Of their fair subject, blessing every book.
    Thou art as fair in knowledge as in hue,
    Finding thy worth a limit past my praise,
    And therefore art enforced to seek anew
8   Some fresher stamp of the time-bett'ring days.
    And do so, love; yet when they have devised
    What strained touches rhetoric can lend,
    Thou truly fair wert truly sympathized
12 In true plain words by thy true-telling friend;
        And their gross painting might be better used,
        Where cheeks need blood; in thee it is abused.

83

그대가 분칠을 필요로 하는 것을 본 일이 없도다.
그러므로 내 그대의 미에 분칠을 한 적이 없노라.
나는 알았노라, 또는 안다고 생각했노라,
그대는 은총 입은 시인이 쓴 메마른 헌시獻詩보다 훨씬 낫다고.
그러므로 나는 그대를 찬양하는 것을 그쳤노라,
그대 자신이 현존現存하시어
현대의 필치로는 표현할 수 없는
높은 품격이 자라고 있는 것을 보이시나니.
그 침묵을 그대는 죄로 여기셨지만,
벙어리 되는 것이 차라리 가장 광영스러워라.
나는 잠잠히 있음으로 미를 손상시키지 않지만,
다른 이들은 생명을 주고서 무덤을 가져오나니.
  그대의 아름다운 눈 하나하나에
  두 시인의 찬사讚辭 이상의 생명이 있도다.

83

    I never saw that you did painting need,
    And therefore to your fair no painting set;
    I found, or thought I found, you did exceed
4   The barren tender of a poet's debt:
    And therefore have I slept in your report,
    That you yourself, being extant, well might show
    How far a modern quill doth come too short,
8   Speaking of worth, what worth in you doth grow.
    This silence for my sin you did impute,
    Which shall be most my glory, being dumb;
    For I impair not beauty, being mute,
12 When others would give life, and bring a tomb.
        There lives more life in one of your fair eyes
        Than both your poets can in praise devise.

84

누가 가장 칭찬을 잘하느뇨?
'그대만이 그대이라'는 이 극찬보다 누가 더 잘하리요?
그대의 몸만이 그대와 같은 것이 있다는 것을
증명할 수 있는 미의 저장소.
누구나 그의 주제에 적으나마 영광을 주지 못한다면
빈약한 필력筆力이라 말하리.
하나 그대에 대해 쓰는 사람이 그댄 그대란 걸 말할 수 있다면
그의 이야기는 품위 있는 것이 되리라.
그로 하여금 그대 속에 씌어 있는 것을 그대로 옮기게 하라,
자연히 현명하게 써 놓은 것을 악화시키지 않도록 하며
그러면 그 초상은 그의 재능을 유명하게 하리라,
그 작풍作風을 칭송하게 하면서.
    그대는 아름다운 축복에 재앙을 가져오도다,
    그대의 명예를 더럽히는 찬사를 너무 좋아하여.

84

    Who is it that says most, which can say more
    Than this rich praise, that you alone are you—
    In whose confine immurèd is the store
4   Which should example where your equal grew?
    Lean penury within that pen doth dwell,
    That to his subject lends not some small glory,
    But he that writes of you, if he can tell
8   That you are you, so dignifies his story.
    Let him but copy what in you is writ,
    Not making worse what nature made so clear,
    And such a counterpart shall fame his wit,
12 Making his style admired everywhere.
        You to your beauteous blessings add a curse,
        Being fond on praise, which makes your praises worse.

85

입을 다문 나의 시신은 예의 바르게 침묵하도다,
그대를 예찬하는 글이 화려하게 창작되고,
찬란한 붓으로 그대의 품격이 보존되고,
귀중한 어구語句가 모든 시신에 의해 다듬어질 때
다른 이들이 좋은 말을 쓸 때 나는 다만 좋은 생각 하고
무식한 목사와 같이 늘 '아멘'을 외치노라.
유능한 사람의 세련된 붓으로 쓴
정화된 모든 찬가에 대하여.
그대 예찬됨을 들을 때마다 외치노라, '그렇다, 사실이라'고.
그리고 최대의 찬사에 찬사를 가하노라.
그러나 그것은 단지 내 마음속에만 있노라.
그대를 향한 사랑은 말은 뒤떨어져도 품격은 앞섰느니라.
    다른 사람에게선 표현을 귀히 여기고
    나에게선 함정무언含情無言의 생각을 중히 여기라.

85

My tongue-tied muse in manners holds her still,
While comments of your praise, richly compiled,
Reserve their character with golden quill
4 And precious phrase by all the muses filed.
I think good thoughts, whilst others write good words,
And like unlettered clerk still cry amen,
To every hymn that able spirit affords,
8 In polished form of well-refined pen.
Hearing you praised, I say, "tis so", "tis true,"
And to the most of praise add something more;
But that is in my thought, whose love to you,
12 Though words come hindmost, holds his rank before.
    Then others for the breath of words respect,
    Me for my dumb thoughts, speaking in effect.

86

이는 하도 귀한 그대에게 잡힐 양으로
자랑스럽게도 활짝 돛을 편 그의 위대한 시편 때문이런가?
나의 원숙한 시상詩想이 내 머릿속에서 죽는도다,
그것이 태어난 태반胎盤을 무덤으로 만들고.
아, 나를 죽인 것은 인간보다 높은 곡조를
신령들에게서 배운 그의 영혼이런가?
아니로다, 나의 시를 놀라게 한 것은
그가 아니로라, 밤마다 그를 도와주는 그의 동료들도 아니로다.
그도, 또 밤이면 그를 지력知力으로
홀리게 하는, 그 정답고 친한 마귀도
나를 침묵케 한 승리자로 뽐내지는 못하리로다.
아니로라, 나는 그것으로 인해 어떠한 두려움도 느끼지 않았노라.
    그러나 그대가 그의 시에 총애를 베풀자
    나는 주제를 잃었노라, 그리고 내 시는 약해졌노라.

86

Was it the proud full sail of his great verse,
Bound for the prize of all too precious you,
That did my ripe thoughts in my brain inhearse,
4 Making their tomb the womb wherein they grew?
Was it his spirit, by spirits taught to write
Above a mortal pitch, that struck me dead?
No, neither he, nor his compeers by night
8 Giving him aid, my verse astonished.
He, nor that affable familiar ghost
Which nightly gulls him with intelligence,
As victors, of my silence cannot boast;
12 I was not sick of any fear from thence.
    But when your countenance filled up his line,
    Then lacked I matter, that enfeebled mine.

87

잘 가시라! 그대는 내가 소유하기에 과분하여라,
아마도 그대는 자신의 가치를 알고 있으리로다.
그대의 가치의 특허장은 그대를 석방하나니,
그대에의 내 인연은 이제 모두 끝났어라.
그대의 허락 없이 내 어찌 그대를 붙잡으리요?
또한 그런 부富를 지닐 자격이 내게 어디 있으리요?
이 아름다운 선물을 향유할 자격이 내게 없기에,
내 특허권은 시효가 끝나 원상으로 돌아가노라.
그대는 그대 자신의 진가를 몰랐거나,
나를 잘못 보고 자신을 주었으리라.
그러므로 그대의 큰 선물은 오해로 주신 것이기에
바른 재량을 내리시자 그 선물은 본집으로 돌아가는 거니라.
  꿈에 속는 듯 그대를 가졌었거니
  잠잘 때는 황제요 깨면 그렇지 않아라.

87

    Farewell, thou art too dear for my possessing,
    And like enough thou know'st thy estimate.
    The charter of thy worth gives thee releasing;
4   My bonds in thee are all determinate.
    For how do I hold thee but by thy granting,
    And for that riches where is my deserving?
    The cause of this fair gift in me is wanting,
8   And so my patent back again is swerving.
    Thyself thou gav'st, thy own worth then not knowing,
    Or me, to whom thou gav'st it, else mistaking;
    So thy great gift, upon misprision growing,
12 Comes home again, on better judgement making.
        Thus have I had thee as a dream doth flatter:
        In sleep a king, but waking no such matter.

88

그대가 나를 대수롭지 않게 여기고
내 재덕을 천시할 때
나는 그대 편에 서서 나 자신에 대적하여,
그대가 위증을 하더라도 그대가 정당하다고 증명하리라.
나는 내 약점을 잘 앎으로 그대 편에 서서
내가 지녔으나 숨겨두었던 허물들을
이야기로 만들어 쓸 수 있으리라,
그대가 나를 버림으로 영광을 얻도록.
그리하여 나도 이익을 보리라.
나의 애정 전부를 그대에게 기울임으로
내 자신에 주는 손상이
그대를 이롭게 한다면 내게는 갑절의 이익이라.
  이것이 나의 사랑이라, 이렇게도 나는 그대에게 예속됐나니
  그대의 정당을 위해 내 어떠한 박해도 견디리라.

88

When thou shalt be disposed to set me light,
And place my merit in the eye of scorn,
Upon thy side against myself I'll fight,
4   And prove thee virtuous, though thou art forsworn.
With mine own weakness being best acquainted,
Upon thy part I can set down a story
Of faults concealed, wherein I am attainted,
8   That thou in losing me shall win much glory.
And I by this will be a gainer too,
For bending all my loving thoughts on thee,
The injuries that to myself I do,
12 Doing thee vantage, double vantage me.
　　　Such is my love— to thee I so belong—
　　　That for thy right myself will bear all wrong.

89

어떤 허물 때문에 나를 버린다고 하시면,
나는 그 허물을 더 과장하여 말하리라.
나를 절름발이라고 하시면, 나는 곧 다리를 절으리라.
그대의 말씀에 구태여 변명 아니하며.
애인이여, 사랑을 바꾸고 싶어 구실을 만드시는 것은
내가 날 욕되게 하는 것보다 절반도 날 욕되게 아니하도다.
그대의 뜻이라면 아직까지의 친교를 말살하고
서로 모르는 사이처럼 보이게 하리라.
그대의 가는 곳에는 아니 가리라.
내 입에 그대의 이름을 담지 않으리라.
불경한 내가 혹시 구면이라 알은 체하여
그대의 이름에 누를 끼치지 않도록.
    그대를 위하여서는 나를 대적하여 싸우리라,
    그대가 미워하는 사람을 내 사랑할 수 없나니.

89

    Say that thou didst forsake me for some fault,
    And I will comment upon that offence.
    Speak of my lameness, and I straight will halt,
4   Against thy reasons making no defence.
    Thou canst not, love, disgrace me half so ill,
    To set a form upon desired change,
    As I'll myself disgrace, knowing thy will,
8   I will acquaintance strangle and look strange,
    Be absent from thy walks, and in my tongue
    Thy sweet beloved name no more shall dwell,
    Lest I, too much profane, should do it wrong
12 And haply of our old acquaintance tell.
        For thee, against my self I'll vow debate,
        For I must ne'er love him whom thou dost hate.

90

그러니 나를 미워하려거든 하라. 그러려거든 지금 바로.
세상이 나의 소행을 방해하려는 지금
악의 있는 운명과 힘을 합쳐 나를 굴복시켜라,
뒤늦게 손해를 끼치려고 뛰어들지 말라.
아! 나의 마음이 이 비애를 벗어났을 때
정복된 비애의 후면後面으로 들이치지 말라.
바람 분 밤, 그 이튿날 아침에 비오게 하지 말라,
기도企圖한 전복顚覆을 주저하여.
나를 떠나시려거든 최후에 떠나지 말라,
다른 적은 슬픔들이 나를 괴롭힌 뒤가 아니라
곧 습격해 오라. 그러면 나는
먼저 운명의 최악을 맛보리라.
  지금 비애로 여겨지는 다른 비애들은
  그대를 잃어버리는 것에 비하면 비애가 아니라.

90

    Then hate me when thou wilt, if ever, now,

    Now, while the world is bent my deeds to cross,

    Join with the spite of fortune, make me bow,

4   And do not drop in for an after-loss.

    Ah do not, when my heart hath 'scaped this sorrow,

    Come in the rearward of a conquered woe;

    Give not a windy night a rainy morrow,

8   To linger out a purposed overthrow.

    If thou wilt leave me, do not leave me last,

    When other petty griefs have done their spite,

    But in the onset come; so shall I taste

12   At first the very worst of fortune's might,

        And other strains of woe, which now seem woe,

        Compared with loss of thee will not seem so.

91

어떤 이들은 문벌을 자랑하고, 어떤 이들은 기술을,
어떤 이들은 부를, 어떤 이들은 체력을,
어떤 이들은 유행을 따르나 어울리지 않는 의복을 자랑하고
또 어떤 이들은 매나 사냥개를, 어떤 이들은 말을 자랑하도다.
그리고 이 모든 성벽이 그에 부합되는 즐거움을 갖고 있고,
그 속에서 다른 모든 것을 능가하는 기쁨을 찾는도다.
그러나 이런 조목들은 내 판단의 기준엔 해당되지 않도다.
내겐 하나의 전체적인 최선이 있어, 이 모든 것보다 우월하도다.
그대의 사랑은 내겐 고귀한 문벌보다 귀하고,
부보다 중요하고, 값진 의복보다 자랑스럽고,
매 또는 말보다 더 큰 기쁨이라.
또 그대를 소유했으므로 나는 모든 남자의 긍지를 자랑하노라.
　　단 한 가지 슬픈 일은, 그대가 이 모든 것을 가져가버리고
　　나를 가장 비참한 자로 만들까 하는 것이라.

91

Some glory in their birth, some in their skill,
Some in their wealth, some in their body's force,
Some in their garments, though new-fangled ill,
4 Some in their hawks and hounds, some in their horse;
And every humor hath his adjunct pleasure,
Wherein it finds a joy above the rest.
But these particulars are not my measure;
8 All these I better in one general best.
Thy love is better than high birth to me,
Richer than wealth, prouder than garments' cost,
Of more delight than hawks or horses be;
12 And having thee, of all men's pride I boast;
    Wretched in this alone, that thou mayst take
    All this away, and me most wretched make.

92

그러나 그대가 최악을 행하여 몰래 내게서 떠나가보라,
내 살아 있는 동안은 그대 내 것으로 확정됐도다.
그리고 그대의 사랑 머물지 않는다면 생은 더 이상 계속치 않으리.
내 생명은 그대의 사랑에 의지해 있나니,
그대의 사랑이 조금만 변해도 내 생명은 끝이 나니,
나는 조금도 최악의 일을 두려워할 필요가 없노라.
그대의 변덕에 의존하는 상태보다는
더 나은 상태가 있음을 나는 아노라.
그대는 나를 한결같지 않은 마음으로 괴롭힐 수 없을 것이라,
내 생명은 그대의 반역反逆에 달려 있기에.
아! 얼마나 행복한 권리를 누리고 있는가!
그대의 사랑을 얻은 행복! 죽을 수 있는 행복!
    하나 오명을 두려워 않는 복 받은 아름다움은 무엇이뇨?
    그대 신의가 없다 한들 나는 그것을 몰라라.

92

    But do thy worst to steal thyself away,
    For term of life thou art assured mine,
    And life no longer than thy love will stay,
4   For it depends upon that love of thine.
    Then need I not to fear the worst of wrongs,
    When in the least of them my life hath end.
    I see a better state to me belongs
8   Than that which on thy humor doth depend.
    Thou canst not vex me with inconstant mind,
    Since that my life on thy revolt doth lie.
    O what a happy title do I find,
12 Happy to have thy love, happy to die!
        But what's so blessed-air that fears no blot?
        Thou mayst be false, and yet I know it not.

93

그래서 나는 속는 남편과 같이
그대는 진실타고 생각하며 살아갈 것이라.
그래서 사랑의 얼굴 전보다 변했지만 언제나 사랑으로 뵈도다.
그대의 얼굴 나와 같이 있어라, 그대 마음은 딴 데 있어도.
그대의 눈에는 증오가 살 수 없으므로
나는 그대 눈에서 그대의 변화를 알 수 없노라.
허다한 사람 얼굴엔 거짓된 마음의 역사가
그 기분, 그 찡그린 얼굴, 또 그 기이한 주름살에 씌어 있도다.
그러나 하늘은 그대를 창조하실 때
그대의 얼굴엔 감미로운 사랑이 영원히 머물도록 정하셨으니
그대의 생각이 어떻든, 마음이 어떻게 움직이든
그대의 안색은 감미로움 외엔 아무것도 말해주지 않는도다.
    아! 그대 미모는 이브의 사과와 같다 하리로다,
    그대 아름다운 덕성 그대가 보여주는 것과 합치하지 않는다면.

93

So shall I live, supposing thou art true,
Like a deceived husband—so love's face
May still seem love to me though altered new:
4 Thy looks with me, thy heart in other place.
For there can live no hatred in thine eye,
Therefore in that I cannot know thy change.
In many's looks the false heart's history
8 Is writ in moods and frowns, and wrinkles strange,
But heav'n in thy creation did decree,
That in thy face sweet love should ever dwell,
Whate'er thy thoughts or thy heart's workings be,
12 Thy looks should nothing thence but sweetness tell.
    How like Eve's apple doth thy beauty grow,
    If thy sweet virtue answer not thy show.

94

남을 해칠 힘이 있으면서도 아무도 해롭게 하지 않고,
행할 것 같이 보여준 일을 행하지 않는 사람들,
다른 사람들을 감동시키면서 그들 자신은 돌 같아
냉정해서 움직이지 않고 유혹에도 빠지잖는 사람들,
그들은 참으로 천국의 은총을 물려받았고,
자연의 부富를 절약해서 쓴다고 하겠도다.
그들은 그 자신들 얼굴의 영주領主요 주인이라,
다른 이들은 그들의 탁월성의 시종侍從일 뿐이로라.
여름 꽃은 여름을 아름답게 하도다,
그 자체는 다만 살다 죽지만.
그러나 만일 그 꽃이 나쁜 병에 걸리면
가장 보잘것없는 잡초도 그의 품위를 능가하도다.
　　가장 달콤한 것도 그 행위에 따라 가장 신 것이 되나니,
　　썩은 백합은 잡초보다도 더 악취를 풍기도다.

94

    They that have pow'r to hurt, and will do none,
    That do not do the thing they most do show,
    Who moving others are themselves as stone,
4   Unmovèd, cold, and to temptation slow—
    They rightly do inherit heaven's graces,
    And husband nature's riches from expense;
    They are the lords and owners of their faces,
8   Others but stewards of their excellence.
    The summer's flow'r is to the summer sweet,
    Though to itself it only live and die;
    But if that flow'r with base infection meet,
12 The basest weed outbraves his dignity.
        For sweetest things turn sourest by their deeds;
        Lilies that fester smell far worse than weeds.

95

그대는 치욕을 얼마나 아름답게 만드는고!
향기로운 장미꽃의 벌레와 같이
피어나는 그대 이름의 아름다움을 얼룩지게 하는 치욕을.
오, 얼마나 꽃다운 향기 속에 그댄 그대의 허물을 감싸는고!
그대 과거의 이야기를 하는 그 혀도
그대의 향락에 대하여 음란한 말로 평하면서도,
그 비방을 일종의 찬미로 만들지 않을 수 없어라.
그대의 이름을 들면 악평도 축복을 받도다.
아, 그대를 들어 있을 곳으로 택한 악덕은
얼마나 훌륭한 저택을 택한 것인고!
그곳에선 미의 베일이 모든 오점을 덮어버리고,
눈으로 볼 수 있는 모든 건 아름다운 것으로 화해버리도다.
  사랑하는 이여, 큰 특권을 조심하라.
  가장 날카로운 칼도 잘못 쓰면 날이 상하느니라.

95

How sweet and lovely dost thou make the shame
Which, like a canker in the fragrant rose,
Doth spot the beauty of thy budding name!
4   O in what sweets dost thou thy sins enclose!
That tongue that tells the story of thy days,
Making lascivious comments on thy sport,
Cannot dispraise but in a kind of praise;
8   Naming thy name blesses an ill report.
O what a mansion have those vices got
Which for their habitation chose out thee,
Where beauty's veil doth cover every blot,
12   And all things turns to fair that eyes can see!
   Take heed, dear heart, of this large privilege;
   The hardest knife ill used doth lose his edge.

96

어떤 이는 그대 허물을 젊음에 돌리고, 어떤 이는 방종이라 하고,
어떤 이는 그대 우아함이 청춘이요, 품 있는 장난이라 하도다.
그 우아함과 허물, 두 가지가 누구에게나 사랑받고 있노라.
그대를 찾는 사람에게 그댄 흠도 우아함으로 보이게 하도다.
대수롭잖은 보석도 왕관을 쓴 여왕이 그 손에 끼시면
가치가 높아지어라.
그대의 과오도 그렇게
진실한 것으로 승화되고, 진실한 것으로 생각되도다.
만일 사나운 늑대가 그 외모를 양처럼 바꿀 수 있다면
그 늑대는 얼마나 많은 양을 속일 것인고!
만일 그대가 그대의 매력과 지위의 힘을 이용한다면
그대는 얼마나 많이 보는 사람을 유혹하리요!
  그러나 그러지 마시라. 내 사랑 이리도 간절하여라.
  그대는 내것이어니, 그대의 명성도 내것이라.

96

    Some say thy fault is youth, some wantonness,
    Some say thy grace is youth and gentle sport;
    Both grace and faults are loved of more and less;
4   Thou mak'st faults graces that to thee resort.
    As on the finger of a throned queen
    The basest jewel will be well esteemed,
    So are those errors that in thee are seen,
8   To truths translated, and for true things deemed.
    How many lambs might the stern wolf betray,
    If like a lamb he could his looks translate;
    How many gazers mightst thou lead away,
12 If thou wouldst use the strength of all thy state!
      But do not so; I love thee in such sort,
      As thou being mine, mine is thy good report.

97

질주하는 한 해를 즐거이 해주는 환희인 그대를
떨어져 있던 동안이 얼마나 황량한 겨울과도 같았더뇨!
내 얼마나 냉랭함을 느꼈더뇨! 얼마나 어둔 날을 보았더뇨!
묵은 섣달의 황량함이 모든 곳을 뒤덮고
그러나 내가 그대와 떨어져 있던 때는 여름철이었노라.
부유한 결실로 부푼 풍요한 가을은
남편을 여읜 미망인의 자궁같이
청춘 시절의 분방한 열매를 지니도다.
그러나 이 풍성한 수확도 내게는
고아나 아비 없는 자식을 바라는 것과 같도다.
여름도 그 기쁨도 그대의 시종이기에
그대 여기 안 계시므로 새들도 잠잠하도다.
    새들이 울어도 그 울음 힘없어 나뭇잎조차 창백해지도다,
    겨울이 다가오는 것이 두려워서.

97

How like a winter hath my absence been
From thee, the pleasure of the fleeting year!
What freezings have I felt, what dark days seen!
4   What old December's bareness everywhere!
And yet this time removed was summer's time,
The teeming autumn, big with rich increase,
Bearing the wanton burthen of the prime,
8   Like widowed wombs after their lords' decease.
Yet this abundant issue seemed to me
But hope of orphans, and unfathered fruit;
For summer and his pleasures wait on thee,
12 And, thou away, the very birds are mute;
    Or if they sing, 'tis with so dull a cheer,
    That leaves look pale, dreading the winter's near.

98

내 그대에게서 떠나 있던 때가 봄이었노라,
찬란하게 아롱진 4월이 성장을 할 대로 하고,
만물에다 청춘의 봄을 불어넣고
침울한 농신農神이 소리 높여 웃고 뛰놀던 때이어라.
그런 새들의 노래도
가지각색 화초 달콤한 향기도
내가 여름의 이야기를 말하게 못 했고,
그들 자라고 있는 자랑스런 언덕에서 그들을 따게 하잖았도다.
나는 백합의 설백雪白을 감탄하지도 않았고,
장미의 심홍深紅을 찬양하지도 않았노라.
그들은 아름다우나 그대를 닮았을 때만 기쁨을 주도다.
그대는 꽃의 아름다움의 근원이라.
  그러나 그대 없는 곳 언제나 겨울 같아라,
  그대의 그림자라고 꽃들과 놀았노라.

98

    From you have I been absent in the spring,
    When proud-pied April, dressed in all his trim,
    Hath put a spirit of youth in everything,
4   That heavy Saturn laughed and leapt with him.
    Yet nor the lays of birds, nor the sweet smell
    Of different flow'rs in odor and in hue,
    Could make me any summer's story tell,
8   Or from their proud lap pluck them where they grew.
    Nor did I wonder at the lily's white,
    Nor praise the deep vermilion in the rose;
    They were but sweet, but figures of delight,
12 Drawn after you, you pattern of all those.
        Yet seemed it winter still, and you away,
        As with your shadow I with these did play.

99[*]

일찍 핀 바이올렛을 나는 꾸짖었노라.
고운 도둑이여, 너의 향기를 어디서 훔쳐 왔느뇨?
내 애인의 숨결이 아니라면.
너의 보드라운 뺨 위에 그 화려한 보랏빛은
나의 애인의 혈관에서 너무 진하게 들었도다.
백합은 그대 손의 설백雪白을 훔쳤다고 나는 선고하고,
마조람의 봉오리는 그대 머리색을 훔쳤다고 판결했노라.
장미는 가시 위에 두려워 떨며 있도다.
하나는 부끄러워 낯을 붉히고 또 하난 실망하여 하얗고,
붉지도 희지도 않은 셋째 송이는 둘 다 훔치고
그리고 덧붙여 그대의 숨결을 훔쳤도다.
그러나 그 절도죄로 장미가 만발할 때
복수에 찬 벌레는 장미를 먹어 죽게 하도다.
     더 많은 꽃을 살펴보았으나
     그대에게서 향기나 빛깔 훔치잖은 것 보지 못했노라.

---

[*] 이 시편(詩篇)은 15행.

99

    The forward violet thus did I chide:
    Sweet thief, whence didst thou steal thy sweet that smells
    If not from my love's breath? The purple pride
4   Which on thy soft cheek for complexion dwells,
    In my love's veins thou hast too grossly dyed.
    The lily I condemned for thy hand,
    And buds of marjoram had stol'n thy hair;
8   The roses fearfully on thorns did stand,
    One blushing shame, another white despair;
    A third, nor red nor white, had stol'n of both,
    And to his robb'ry had annexed thy breath;
12 But for his theft, in pride of all his growth
    A vengeful canker ate him up to death.
        More flow'rs I noted, yet I none could see,
        But sweet or colour it had stol'n from thee.

100

시신이여, 그대 어디 있는가?
온갖 힘을 주는 이에 대해 말하기를 그리 오래 잊었다니.
그대는 무가치한 노래에 그대의 정열을 소모하고 있는가?
비천한 주제에 빛을 주므로 그대 힘을 어둡게 하면서.
돌아오라, 기억력 없는 시신이여,
헛되이 써버린 세월을 즉시 고아한 시구로 보충하라.
그대의 노래를 높이 여기고, 그대의 붓에
기술과 제목을 주는 그 귀에다 노래하라.
일어나라, 게으른 시신이여, 나의 사랑의 고운 얼굴 살펴보라,
세월이 거기에 주름살을 파지나 않았나를.
만일 팠거든 쇠퇴를 풍자하는 이 되어
세월의 파괴가 어디서나 경멸받게 하라.
  세월이 생명을 낭비하기보다 빨리 내 사랑에게 명성을 주라.
  그리하여 그대 세월의 낫과 굽은 칼을 막아내라.

100

    Where art thou, muse, that thou forget'st so long
    To speak of that which gives thee all thy might?
    Spend'st thou thy fury on some worthless song,
4 Dark'ning thy pow'r to lend base subjects light?
    Return, forgetful muse, and straight redeem
    In gentle numbers time so idly spent;
    Sing to the ear that doth thy lays esteem,
8 And gives thy pen both skill and argument.
    Rise, resty muse; my love's sweet face survey
    If time have any wrinkle graven there;
    If any, be a satire to decay,
12 And make time's spoils despised everywhere.
        Give my love fame faster than time wastes life;
        So thou prevent'st his scythe and crookèd knife.

101

오, 태만한 시신이여, '미'에 물든 '진(眞)'을 등한히 한 죄
너는 무엇으로 배상할 것인가?
진도 미도 내 애인에게 의존하고
너 또한 그리 하여서 품위를 얻은 것이어늘.
시신이여, 대답하라. 너는 이렇게 말하리라.
'진은 고정된 색이 있으므로 채색을 요하지 않으며,
미도 또한 미의 진에 가필(加筆)을 요하지 않고,
아무것도 첨가하지 않을 때 최상이 최상이라'고.
그가 찬사를 요하지 않는다고 벙어리로 있을 것인가?
그것으로 침묵을 변명하지 말라.
금을 입힌 무덤보다 그들 더 오래 남게 하여,
후세의 칭찬을 받게 함은 너에게 달렸어라.
　　그러니 너의 직책을 수행하라, 시신이여. 내 네게
　　그를 지금 보는 것 같이 길이 뵈게 하는 법을 가르치리라.

101

O truant muse, what shall be thy amends
For thy neglect of truth in beauty dyed?
Both truth and beauty on my love depends;
4   So dost thou too, and therein dignified.
Make answer, muse, wilt thou not haply say,
Truth needs no colour with his colour fixed,
Beauty no pencil, beauty's truth to lay;
8   But best is best, if never intermixed?
Because he needs no praise, wilt thou be dumb?
Excuse not silence so, for 't lies in thee,
To make him much outlive a gilded tomb,
12 And to be praised of ages yet to be.
        Then do thy office, muse, I teach thee how
        To make him seem long hence as he shows now.

102

내 사랑은 약해진 듯해도 강해졌어라.
내 사랑은 줄지 않았어라, 겉으론 준 것 같아도.
주인의 입으로 그 물건의 가치를 함부로 말한다면
그 사랑은 상품이어라.
우리의 사랑은 새로웠었노라, 그때는 봄이었노라,
나는 그때 내 노래로써 우리의 사랑을 맞이했노라.
나이팅게일이 초여름에 노래를 부르다가
한여름이 되면 그치는 것 같아라.
그의 슬픈 노래가 밤을 고요하게 하던 때보다
여름에 즐겁지 않아서가 아니라
나뭇가지마다 음악이 요란하고
고운 소리는 흔해져 그 진귀한 즐거움을 잃었기에.
    그 새와 같이 때로는 나도 잠잠하여라,
    나의 노래로 그대를 역겹게 하지 않으려.

102

My love is strengthened, though more weak in seeming;
I love not less, though less the show appear.
That love is merchandised whose rich esteeming
4 The owner's tongue doth publish everywhere.
Our love was new, and then but in the spring,
When I was wont to greet it with my lays,
As Philomel in summer's front doth sing,
8 And stops his pipe in growth of riper days.
Not that the summer is less pleasant now
Than when her mournful hymns did hush the night,
But that wild music burthens every bough,
12 And sweets grown common lose their dear delight.
　　Therefore, like her, I sometime hold my tongue,
　　Because I would not dull you with my song.

103

아, 나 시신詩神은 얼마만한 빈약을 만들어내는고!
언제나 그의 힘이 광대함을 뽐내면서도
그 주제는 나 찬사를 붙인 것보다
사실 그대로가 오히려 더 가치 있도다.
내가 시를 더 쓰지 못하더라도, 아! 나를 나무라지 말라.
그대여, 거울을 들여다보라, 그러면 거기에
내 시구를 무색케 하고, 나의 면목을 잃게 하며,
나의 서투른 창작을 압도하는 얼굴이 나타나리라.
그렇다면 훌륭했던 주제를 구태여 고쳐보려다
오히려 손상을 입히는 것 어찌 죄스럽지 않으리요?
나의 시는 그대의 미와 그대의 천품을
노래하려고 쓴 것에 지나지 않노니.
　　나의 시에 나타낼 수 있는 것보다 더욱더 많은 것들을
　　거울은 보여 주리라, 그대가 들여다보시면.

103

Alack what poverty my muse brings forth,
That, having such a scope to show her pride,
The argument all bare is of more worth
4 Than when it hath my added praise beside.
O blame me not if I no more can write!
Look in your glass, and there appears a face
That overgoes my blunt invention quite,
8 Dulling my lines, and doing me disgrace.
Were it not sinful then, striving to mend,
To mar the subject that before was well?
For to no other pass my verses tend,
12 Than of your graces and your gifts to tell;
    And more, much more than in my verse can sit,
    Your own glass shows you, when you look in it.

104

아름다운 친구여, 내 생각엔 그대는 늙을 수 없는 것 같아라.
내가 처음 그대의 얼굴을 봤을 때같이
지금도 그렇게 아름다워라. 추운 겨울에 세 번이나
나무 숲에서 여름의 자랑을 흔들어버렸고,
아름다운 봄이 세 번이나 황금빛 가을로 변했어라.
계절의 변화를 눈여겨보았더니
4월의 향기가 세 번이나 뜨거운 6월에 불탔어라.
싱싱하고 푸르른 그대를 처음 뵈온 이래로.
아! 그러나 아름다움이란 해시계의 바늘처럼
그 숫자에서 발걸음도 안 보이게 도망치도다.
그대의 고운 자색姿色도 내 변함없다고 여기지만
실은 움직이며, 내 눈이 아마 속는 것이로다.
 그 염려 있나니 너 아직 태어나지 않은 세대여, 들으라.
 너희들이 나기 전에 미의 여름은 이미 죽었어라.

104

    To me, fair friend, you never can be old,
    For as you were when first your eye I eyed,
    Such seems your beauty still. Three winters cold
4 Have from the forests shook three summers' pride,
    Three beauteous springs to yellow autumn turned
    In process of the seasons have I seen,
    Three April perfumes in three hot Junes burned,
8 Since first I saw you fresh, which yet are green.
    Ah yet doth beauty, like a dial hand,
    Steal from his figure, and no pace perceived;
    So your sweet hue, which methinks still doth stand,
12 Hath motion, and mine eye may be deceived;
        For fear of which, hear this, thou age unbred,
        Ere you were born was beauty's summer dead.

105

나의 사랑을 우상숭배라고 부르지 말라,
또 나의 애인이 우상화 되었다고 여기지 말라,
모든 나의 노래와 찬사가 언제나 한결같이
단 하나에서 바치는 단 하나에 관한 것이라 하여.
나의 애인은 오늘도 정답고 내일도 정답고
경탄하리만큼 한결같아라.
그러므로 나의 시는 불변의 법칙에 매여
하나만을 표현하고 다른 것은 버리노라.
'미·선·진'은 내 주제의 전부니라,
'미·선·진'을 말을 바꾸어 노래할 뿐.
이런 변화에만 나의 상상이 소비되도다.
하나 속에 세 주제, 이는 놀랄 만한 영역이라.
　　'미·선·진' 하나하나가 혼자 있는 때는 가끔 있었으나
　　셋이서 자리를 함께 한 적은 이제껏 없어라.

105

Let not my love be called idolatry,
Nor my beloved as an idol show,
Since all alike my songs and praises be
4   To one, of one, still such, and ever so.
Kind is my love today, tomorrow kind,
Still constant in a wondrous excellence;
Therefore my verse to constancy confined,
8   One thing expressing, leaves out difference.
Fair, kind, and true, is all my argument,
Fair, kind, and true, varying to other words;
And in this change is my invention spent—
12 Three themes in one, which wondrous scope affords.
   Fair, kind, and true, have often lived alone,
   Which three, till now, never kept seat in one.

106

지나간 세월의 기록 속에서
가장 아름다운 사람들의 묘사를 볼 때,
또 죽은 귀부녀와 수려한 기사騎士를 예찬하며
미인 중의 미인의
손·발·입술·눈·이마를 보여준
고가古歌를 아름답게 만든 미를 볼 때,
나는 그들의 옛 필치가
그대가 지금 지닌 미를 표현한 것으로 아노라.
그러므로 그들의 모든 예찬은
그대를 예상하고 우리 시대를 예언한 것에 지나지 않노라.
그들은 다만 짐작하는 눈으로 보았으므로
그대의 진가를 노래할 만한 역량을 갖지 못했노라.
    지금 이 현대를 보는 우리는
    경탄할 눈은 있어도 찬미할 혀는 없도다.

106

When in the chronicle of wasted time
I see descriptions of the fairest wights
And beauty making beautiful old rhyme
4   In praise of ladies dead and lovely knights,
Then in the blazon of sweet beauty's best,
Of hand, of foot, of lip, of eye, of brow,
I see their antique pen would have expressed
8   Ev'n such a beauty as you master now.
So all their praises are but prophecies
Of this our time, all you prefiguring,
And for they looked but with divining eyes,
12   They had not skill enough your worth to sing;
    For we which now behold these present days,
    Have eyes to wonder, but lack tongues to praise.

107

나 자신이 지닌 기우杞憂도
또는 미래의 일들을 꿈꿔보는 이 넓은 세계의 영혼도
나의 진실한 사랑의 기한을 좌우하지 못하리라.
그 종말이 정해져 있는 것처럼 보이지만.
인간계의 달은 월식을 잘 견디고
슬픈 점쟁이들 자신의 예언을 비웃는도다.
불안은 지금 확신을 갖게 되고
평화는 올리브나무의 영원한 번영을 선언하도다.
이 가장 향기로운 계절의 이슬에 젖어
나의 사랑은 생기를 띠고, 죽음도 나에게 굴복하도다.
죽음이 원한을 품는대도 나는 이 서툰 노래 속에 영생하리라,
그가 우둔하고 말 못하는 사람들을 욕되게 하더라도.
    그대는 이 노래 속에서 그대의 기념비를 찾으리라,
    폭군의 문장紋章과 황동黃銅의 무덤이 사라진 때에도.

107

    Not mine own fears nor the prophetic soul
    Of the wide world dreaming on things to come
    Can yet the lease of my true love control,
4 Supposed as forfeit to a confined doom.
    The mortal moon hath her eclipse endured,
    And the sad augurs mock their own presage,
    Incertainties now crown themselves assured,
8 And peace proclaims olives of endless age.
    Now with the drops of this most balmy time
    My love looks fresh, and death to me subscribes,
    Since spite of him I'll live in this poor rhyme,
12 While he insults o'er dull and speechless tribes.
       And thou in this shalt find thy monument,
       When tyrants' crests and tombs of brass are spent.

108

글로 쓸 수 있는 그 무엇이, 내 머릿속에 남아 있으리요?
그대에게 글로 나타내 보이잖는 내 정성이.
말하여 새롭고 기록하여 새로운 그 무엇이 있으리요?
나의 사랑을, 그리고 그대의 재덕을 나타내기 위하여.
아무것도 없노라, 고운 소년이여.
하나 신성한 기도처럼 매일 같은 말을 되풀이할 수밖에 없노라.
그대는 내것, 나는 그대 것이란 말을, 낡았다 생각지 아니하며,
내가 처음 그대의 고운 이름을 거룩하게 부른 때와도 같이.
그러므로 사랑이 언제나 새로운 경우, 변치 않는 사랑은
세월의 먼지와 상처를 꺼리지 아니하며
와야만 하는 주름살을 허용치 아니하며
노인으로 하여금 영원한 시동(侍童)으로 만들도다.
    세월과 외모로 하여 죽은 것같이 보여도
    거기에서 자라난 사랑의 첫 정을 찾으리.

108

    What's in the brain that ink may character,
    Which hath not figured to thee my true spirit?
    What's new to speak, what now to register,
4 That may express my love or thy dear merit?
    Nothing, sweet boy, but yet, like prayers divine,
    I must each day say o'er the very same;
    Counting no old thing old, thou mine, I thine,
8 Ev'n as when first I hallowed thy fair name.
    So that eternal love in love's fresh case
    Weighs not the dust and injury of age,
    Nor gives to necessary wrinkles place,
12 But makes antiquity for aye his page,
        Finding the first conceit of love there bred,
        Where time and outward form would show it dead.

109

내게 신의가 없다고 말하지 말라,
떠나 있어 나의 정열이 약해진 것같이 보이오리나.
그대 가슴에 깃들여 있는 나의 혼을
그리 쉽사리 떠날 수 있다면 내 몸도 쉬 버릴 수 있으리라.
그대의 가슴은 나의 사랑의 보금자리라.
만일 내가 방황한다면 여행하는 사람같이 돌아가리라,
바로 제시간에 그동안에 아무 변함도 없이
나의 오점을 씻을 수 있게.
모든 성격의 모든 약점이
내 천성 속에 있다더라도
그대 전부를 이유 없이 버릴 만큼
그렇게 타락하였다고는 믿지 말라.
    그대가 없다면, 나는 이 넓은 우주를 공허라고 부르리라.
    나의 장미여, 그대는 이 세상에서 나의 전부라.

109

O never say that I was false of heart,
Though absence seemed my flame to qualify.
As easy might I from myself depart,
4 As from my soul, which in thy breast doth lie.
That is my home of love; if I have ranged,
Like him that travels I return again,
Just to the time, not with the time exchanged,
8 So that myself bring water for my stain.
Never believe, though in my nature reigned
All frailties that besiege all kinds of blood,
That it could so preposterously be stained
12 To leave for nothing all thy sum of good—
    For nothing this wide universe I call,
    Save thou, my rose; in it thou art my all.

110

아! 슬프게도 사실이어라, 내가 여기저기 돌아다니며
내 몸을 광대로 만들어
자존심에 상처를 입히고, 가장 귀한 것을 값싸게 팔아
새 사랑으로 말미암아 옛 사랑은 분노를 일으키게 했노라.
참으로 나는 진실을 곁눈으로 이상하게 보았느니.
그러나 어쨌든 이 한눈팔이는
나의 마음에 제2의 청춘을 주었고,
나쁜 경험은 그대가 내 최상의 사랑인 것을 증명했노라.
모든 것이 끝난 지금, 끝나지 않을 것을 받아 달라.
이제는 내 옛 사랑을 시험하려고
내 욕망을 새 실험 위에 연마研磨하지는 않으리라,
내가 얽매여 있는 사랑의 신이여.
    그러면 나를 맞아 달라, 하늘 다음 가는 그대여,
    그대의 순결하고 가장 애정 깊은 가슴에.

110

Alas 'tis true, I have gone here and there,
And made my self a motley to the view,
Gored mine own thoughts, sold cheap what is most dear,
4   Made old offences of affections new.
Most true it is, that I have looked on truth
Askance and strangely. But, by all above,
These blenches gave my heart another youth,
8   And worse essays proved thee my best of love.
Now all is done, have what shall have no end—
Mine appetite I never more will grind
On newer proof, to try an older friend,
12 A god in love, to whom I am confined.
        Then give me welcome, next my heav'n the best,
        Ev'n to thy pure and most most loving breast.

111

아! 나를 위하여, 그대여, 운명을 꾸짖어 달라,
내게 나쁜 행위를 하게 한 죄진 여신女神을.
그녀는 나에게 생을 위하여 세상에 아부하기를 가르쳤으며,
처세술 외에는 아무것도 마련해주지 않았노라.
내 이름에 낙인이 찍힘은 그 까닭이라,
내 천성이 하는 과업에 얽매여
염색공의 손같이 된 것도 거의 다 그 때문이라.
그러니 나를 불쌍히 여겨, 내가 새 사람 되도록 기원해 달라.
그러면 나는 심한 병을 면하기 위하여
극약이라도 마시겠노라, 마음먹은 병인과 같이.
아무리 쓴 것도 쓴 것으로 여기지 않으리라,
제재制裁에 제재를 가하더라도 이중의 고행으론 여기잖으리.
    그러니 사랑하는 벗이여, 나를 불쌍히 여기라,
    내 그대에게 보증하노니, 동정만도 내 병 고치기 족하도다.

111

    O for my sake do you with fortune chide,
    The guilty goddess of my harmful deeds,
    That did not better for my life provide
4   Than public means which public manners breeds.
    Thence comes it that my name receives a brand,
    And almost thence my nature is subdued
    To what it works in, like the dyer's hand.
8   Pity me then, and wish I were renewed,
    Whilst, like a willing patient I will drink
    Potions of eisel 'gainst my strong infection;
    No bitterness that I will bitter think,
12 Nor double penance, to correct correction.
        Pity me then, dear friend, and I assure ye,
        Ev'n that your pity is enough to cure me.

112

그대의 사랑과 연민은
속된 추문이 내 이마에 찍은 낙인을 없애주도다.
나를 시是라 비非라 부르는 사람 무엇 때문에 상관하리요?
그대가 내 악을 푸른 그늘로 덮어주고 내 선을 인증해주나니
그대는 나의 온 세상이라, 나는 다만 그대 입으로부터
나의 수치와 명예를 알려 애쓰노라.
내게는 다른 아무도 없고 또 누구 위해서도 나는 살잖으므로
나의 강철 같은 마음을 선으로 또는 악으로 바꿀 수 없노라.
다른 사람의 말에 대한 관심을
깊은 연못에 던져
나의 독사 같은 마음은 비평도 아부도 듣지 않노라.
그대여 유념하라, 어찌도 무관심한지.
  그대는 그리도 강하게 내 마음속에 뿌리박았나니
  그 밖의 온 세상은 죽은 것 같아라.

112

    Your love and pity doth th' impression fill,
    Which vulgar scandal stamped upon my brow;
    For what care I who calls me well or ill,
4 So you o'er-green my bad, my good allow?
    You are my all the world, and I must strive
    To know my shames and praises from your tongue;
    None else to me, nor I to none alive,
8 That my steeled sense or changes right or wrong.
    In so profound abysm I throw all care
    Of others' voices, that my adder's sense
    To critic and to flatt'rer stopped are.
12 Mark how with my neglect I do dispense:
        You are so strongly in my purpose bred,
        That all the world besides me thinks y'are dead.

113

그대를 떠난 뒤에 내 눈은 내 마음속에 있도다.
그리고 나를 인도하여야 할 기관이
그 직책을 떠나 거의 눈이 멀고,
보는 것 같으나 사실은 보지 못하는도다.
새의 모양도 꽃의 모양도 또는 어떤 형체도
눈이 보는 것을 마음에 전달하지 못하는도다.
눈이 빨리 보는 것에 마음은 참여하지 못하고
눈도 그것이 포착한 모습을 그대로 보존치 못하는도다.
조야粗野한 것을 보거나 우아한 것을 보거나
가장 아름다운 자태거나 미운 불구자거나
산이나 바다, 낮이나 또는 밤,
까마귀나 또는 비둘기, 눈은 모든 것을 그대 모습으로 만든다.
    그대만으로 채워지고 더 채울 수 없어
    진실된 내 마음은 내 눈을 허위로 만들도다.

113

Since I left you, mine eye is in my mind,
And that which governs me to go about
Doth part his function, and is partly blind,
4　Seems seeing, but effectually is out;
For it no form delivers to the heart
Of bird, of flow'r, or shape, which it doth latch.
Of his quick objects hath the mind no part,
8　Nor his own vision holds what it doth catch;
For if it see the rud'st or gentlest sight,
The most sweet favor or deformed'st creature,
The mountain or the sea, the day, or night,
12　The crow, or dove, it shapes them to your feature.
　　Incapable of more, replete with you,
　　My most true mind thus maketh m'eyne untrue.

114

내 그대를 왕관으로 썼기에, 내 마음은
제왕의 병病이라 할 아첨을 마신다 할 것인고?
아니면, 내 눈이 보여주는 것은 진실이거니
내 눈이 그대의 사랑에게서 배운 연금술로
괴물도 기형畸形도
그대의 수려한 모습을 닮은 천사와 같게 만들어
어떤 물체이건 그 광선에 모이는 순간
악은 무상無上의 완전으로 변한다 할 것인고?
아! 먼젓 생각이 옳도다, 내 눈의 기만이로다,
나의 큰 마음은 제왕과 같이 그것을 마시노라.
내 눈은 마음이 좋아하는 것을 잘 앎으로
그 입에 맞게 술잔을 준비하도다.
    설사 독을 섞었다 해도 가벼운 죄라,
    눈이 그것을 사랑하여 먼저 마시느니.

114

    Or whether doth my mind, being crowned with you,
    Drink up the monarch's plague, this flattery?
    Or whether shall I say mine eye saith true,
4   And that your love taught it this alchemy—
    To make of monsters and things indigest
    Such cherubins as your sweet self resemble,
    Creating every bad a perfect best
8   As fast as objects to his beams assemble?
    O, 'tis the first, 'tis flatt'ry in my seeing,
    And my great mind most kingly drinks it up.
    Mine eye well knows what with his gust is greeing,
12 And to his palate doth prepare the cup.
        If it be poisoned, 'tis the lesser sin
        That mine eye loves it and doth first begin.

115

내가 예전에 쓴 시구에는 거짓이 있노라,
지금보다 더 그대를 사랑할 수 없다고 한 말까지도.
그때 나는 나의 가장 큰 불길이
훗날 더 밝게 불타리라고는 미처 깨닫지 못했노라,
다만 시간만을 인식하며 시간이 가져오는 백만의 우연이
서약을 깨뜨리게 하고 국왕의 포고를 변경하고
신성한 미를 추하게 하고 날카로운 결의를 둔하게 하고
강한 마음을 세파에 따라 변하게 하는 것만을 인식했기에.
아, 슬프다! 세월의 난폭을 무서워했다면
'지금 내가 그대를 가장 사랑한다'고 말하지 않았으리요?
내가 현재를 예찬하고 미래를 의심하며
불안정을 확신할 때.

  사랑은 어린 아기라. 그렇다면 그렇게 말하지 못했을 텐데
  아직도 자라고 있는 것 더 자라게 하려고.

115

    Those lines that I before have writ do lie,
    Even those that said I could not love you dearer.
    Yet then my judgement knew no reason why
4 My most full flame should afterwards burn clearer.
    But reck'ning time, whose millioned accidents
    Creep in 'twixt vows, and change decrees of kings,
    Tan sacred beauty, blunt the sharp'st intents,
8 Divert strong minds to th' course of alt'ring thing—
    Alas, why, fearing of time's tyranny,
    Might I not then say, Now I love you best,
    When I was certain o'er incertainty,
12 Crowning the present, doubting of the rest?
        Love is a babe; then might I not say so,
        To give full growth to that which still doth grow?

116

진실한 사람들의 결혼에
장해를 용납하지 않으리라.
변화가 생길 때 변하고
변심자와 같이 변심하는 사랑은 사랑이 아니로다.
아, 아니로다! 사랑은 영원히 변치 않는 지표라,
폭풍을 겪고 동요를 모르는.
사랑은 모든 방황하는 배의 북두성이로다,
그 고도는 측량할 수 있어도 그 진가는 알 수 없는.
사랑은 세월의 놀림감은 아니라
장미빛 입술과 뺨은 세월에 희생이 되더라도,
사랑은 짧은 시일에 변치 않고
심판일까지 견디어 나가느니라.
    이것이 틀린 생각이요 그렇게 증명된다면,
    나는 글을 쓰잖으리라, 인간을 결코 사랑하잖았으리라.

116

Let me not to the marriage of true minds
Admit impediments. Love is not love
Which alters when it alteration finds,
4 Or bends with the remover to remove.
O no, it is an ever-fixed mark
That looks on tempests and is never shaken;
It is the star to every wand'ring bark,
8 Whose worth's unknown, although his height be taken.
Love's not time's fool, though rosy lips and cheeks
Within his bending sickle's compass come.
Love alters not with his brief hours and weeks,
12 But bears it out even to the edge of doom.
　　　If this be error, and upon me proved,
　　　I never writ, nor no man ever loved.

117

내가 전혀 등한히 하였다고 꾸짖어라.
그대의 큰 은정恩情에 보답했어야 할 것을
날마다 그 의무에 매여 있으면서도
가장 귀한 사랑을 칭송할 것을 잊었었노라.
때때로 모를 사람들과 어울려
비싸게 산 우정의 권리를 낭비했다고.
멀리 그대의 시야에서 나를 실어 갈
모든 바람에 돛을 달았다고.
나의 고집과 과오를 다 책에 올리고
정확한 증거 위에 추축樞軸을 쌓아
그대의 찌푸린 얼굴 앞에 데려가 달라,
그러나 지금 일어나는 증오로써 나를 쏘지는 말라.
 그대의 정조와 미덕을 증명하려 노력한 것을
 나의 솟장이 명언하는 바이니.

117

    Accuse me thus: that I have scanted all
    Wherein I should your great deserts repay,
    Forgot upon your dearest love to call,
4   Whereto all bonds do tie me day by day;
    That I have frequent been with unknown minds,
    And giv'n to time your own dear purchased right;
    That I have hoisted sail to all the winds
8   Which should transport me farthest from your sight.
    Book both my wilfulness and errors down,
    And on just proof surmise accumulate;
    Bring me within the level of your frown,
12 But shoot not at me in your wakened hate,
        Since my appeal says I did strive to prove
        The constancy and virtue of your love.

118

우리의 식욕을 한층 더 날카롭게 하려고
갖은 양념으로 입맛을 돋우듯이,
또 보이지 않는 병을 예방하려고
하제下劑를 먹고 병을 앓듯이,
바로 그처럼 싫증날 수 없는 그대의 감미로운 진수에 배불러,
초간장을 내 음식에 쳤노라,
건강이 역겨워 적당한 방법을 발견했으니,
그것은 정말 병들기 전에 미리 앓아보는 것이라.
이렇게 사랑의 정책은 오지 않은 불행을 예측하고
실제로 과오를 범하게 되었노라.
그리고 지나친 선을 악으로 고치려고
건강한 몸에 약을 먹였노라.
    그러나 그렇게 함으로써 나는 옳은 교훈을 받았노라,
    약은 그대에 지친 사람에게 해독을 주는 것을.

118

    Like as to make our appetites more keen
    With eager compounds we our palate urge—
    As to prevent our maladies unseen,
4   We sicken to shun sickness when we purge-
    Ev'n so, being full of your ne'er-cloying sweetness,
    To bitter sauces did I frame my feeding;
    And sick of welfare found a kind of meetness
8   To be diseased ere that there was true needing.
    Thus policy in love, t' anticipate
    The ills that were not grew to faults assured,
    And brought to medicine a healthful state,
12 Which rank of goodness would by ill be cured.
        But thence I learn and find the lesson true,
        Drugs poison him that so fell sick of you.

119

아, 나는 요부妖婦들의 눈물로 된 독주를 마셨어라!
그녀의 지옥과 같이 더러운 증류기에서 만든 독주를.
희망에는 기우杞憂로, 기우에는 희망으로 응하여
내가 얻었다고 생각할 때 언제나 잃었노라.
얼마나 고약한 과오를 범하였던고?
지상至上의 행복을 누리고 있다고 생각하는 동안.
얼마나 내 눈망울이 제자리에서 튀어나오려 들었던고?
이 미칠 것 같은 열병의 고뇌 때문에.
그것은 악의 이익, 이제야 나는 깨달았노라,
선한 것은 악에 의하여 더 선한 것이 되는 것을.
또 퇴폐한 사랑을 다시 쌓아 올리면,
처음보다도 더 아름답고 더 강하고 더 크게 되는 것을.
  그러므로 나는 비난을 들음으로써 다시 만족을 얻어
  악에 의하여 내가 잃은 것의 몇 배를 얻었노라.

119

What potions have I drunk of siren tears,
Distilled from limbecks foul as hell within—
Applying fears to hopes, and hopes to fears,
Still losing when I saw myself to win!
What wretched errors hath my heart committed,
Whilst it hath thought itself so blessed never!
How have mine eyes out of their sphere—s been fitted
In the distraction of this madding fever!
O benefit of ill, now I find true
That better is by evil still made better;
And ruined love when it is built anew
Grows fairer than at first, more strong, far greater.
 So I return rebuked to my content,
 And gain by ills thrice more than I have spent.

120

그대가 한때 무정했던 것이 내게 화친和親을 가져오도다.
그때 내가 겪었던 그 슬픔에 내 죄를 허리 굽혀 사과하리로다,
내 힘들이 황동黃銅이나 두드려 만든 강철이 아니라면.
그대가 나의 무정으로, 고통을 받은 것이
내가 그대로 하여 괴로워한 것과 같다면
그대는 지옥과 같은 시간을 보냈으리니.
그러나 내가 얼마나 큰 고통을 그대의 죄로 인해 겪었던가,
포악한 나는 그것을 헤아릴 여념도 안 가졌노라.
아, 불행한 그 밤이, 내 마음으로 하여금
진정한 비애가 얼마나 심각한 것인지 다시 회상시키기를,
그리고 그때 나에게 주신 것과 같이
나도 그대 상한 마음에 맞는 고약을 속히 드리게 하옵기를!
 그대의 허물은 배상금이 되도다.
 내 죄는 그대를, 그대 죄는 나를 속죄해야 되리라.

120

    That you were once unkind befriends me now,
    And for that sorrow which I then did feel
    Needs must I under my transgression bow,
4 Unless my nerves were brass or hammered steel.
    For if you were by my unkindness shaken,
    As I by yours, y' have passed a hell of time,
    And I, a tyrant, have no leisure taken
8 To weigh how once I suffered in your crime.
    O that our night of woe might have rememb'red
    My deepest sense, how hard true sorrow hits,
    And soon to you as you to me then tend'red
12 The humble salve which wounded bosoms fits!
        But that your trespass now becomes a fee;
        Mine ransoms yours, and yours must ransom me.

121

비열하단 말을 듣는 것보단 차라리 비열한 것이 낫도다,
그렇지 않은데도 그렇다고 비방을 받고
나의 감정이 아니요, 다른 사람의 견해로 평가되어
정당한 쾌락을 잃을 경우에는.
왜 음탕한 허위의 눈들이
나의 정열을 알은 체하느뇨?
왜 나보다 저열한 무리들이 나의 약점을 밀탐密探하고
내가 선으로 생각하는 것을 신이 나서 악이라 하느뇨?
아니라, 나는 나요, 그들과는 다르거늘,
그들은 그들의 행위로 미뤄 나의 행위를 비방하는도다.
그들은 비뚤어졌어도 나는 곧으리니
나의 행위를 그들의 더러운 생각으로 나타내선 안 되리라.
   그 모든 사람이 다 악하고 악이 지배한다는
   일반적 악성惡性이 주장되지 않는 한.

121

    'Tis better to be vile than vile esteemed,
    When not to be receives reproach of being,
    And the just pleasure lost, which is so deemed,
4   Not by our feeling but by others' seeing.
    For why should others' false adulterate eyes
    Give salutation to my sportive blood?
    Or on my frailties why are frailer spies,
8   Which in their wills count bad what I think good?
    No, I am that I am, and they that level
    At my abuses reckon up their own:
    I may be straight though they themselves be bevel.
12 By their rank thoughts, my deeds must not be shown,
        Unless this general evil they maintain—
        All men are bad and in their badness reign.

122

그대가 주신 수첩은 지금 내 머릿속에 있나니
잊을 수 없는 것을 빠짐없이 기록하였기에,
헛된 종잇장들 이상으로
모든 시대를 초월하여 영원토록 남으리라.
적어도 뇌와 심장이
자연법칙에 의하여 기능을 계속하는 한
메모 한 장이 그대의 기억을
완전한 망각에 내맡기기 전에는.
그 메모에는 그리 많이 적어넣을 수도 없고,
내 또한 그대의 사랑을 기록할 나무쪽을 필요치 않노라.
그리하여 나는 겁도 없이 그 수첩을 다 버렸어라,
그대를 더 많이 기록할 내 기억을 믿고.
  그대를 기념하는 부속물을 간직함은
  내 건망증을 초래하게 하는 것이라.

122

     Thy gift, thy tables, are within my brain
     Full charactered with lasting memory,
     Which shall above that idle rank remain
4   Beyond all date, ev'n to eternity—
     Or at the least, so long as brain and heart
     Have faculty by nature to subsist—
     Till each to razed oblivion yield his part
8   Of thee, thy record never can be missed.
     That poor retention could not so much hold,
     Nor need I tallies thy dear love to score.
     Therefore to give them from me was I bold
12 To trust those tables that receive thee more.
        To keep an adjunct to remember thee
        Were to import forgetfulness in me.

123

세월이여, 내가 변한다고 뽐내지 말라,
새 힘으로 세워졌다는 너의 거대한 건축물들도
내게는 놀라울 것도 신기할 것도 없노라.
옛날 본 것에 새 옷을 입힌 것뿐이라.
인생은 짧다, 그러기에 네가 새 것이라고,
속이는 오래된 것을 찬미하고,
그것이 전에 들은 적 있는 것이라고 생각지 아니하고,
오히려 우리 욕망에 맞도록 태어난 것이라 생각하노라.
지금에도 과거에도 경이를 느끼지 않고,
너의 기록도 너도 멸시하노라.
너의 부단의 속력으로 크게도 되고 작게도 되어
너의 기록도 현존하는 것도 잘못 보이기에.
    나는 이것을 맹세하나니, 이것은 영원하리라.
    나는 불변하리라, 너와 너의 낫이 예리하지만.

123

    No! Time, thou shalt not boast that I do change.
    Thy pyramids built up with newer might
    To me are nothing novel, nothing strange;
4   They are but dressings of a former sight.
    Our dates are brief, and therefore we admire
    What thou dost foist upon us that is old,
    And rather make them born to our desire
8   Than think that we before have heard them told.
    Thy registers and thee I both defy,
    Not wond'ring at the present, nor the past;
    For thy records, and what we see, doth lie,
12 Made more or less by thy continual haste.
        This I do vow, and this shall ever be,
        I will be true despite thy scythe and thee.

124

나의 고귀한 사랑이 단지 좋은 가문의 아이라면,
운명의 사생아로서 아비 없는 자식이라,
세월의 사랑과 미움에 좌우되어
잡초 속에 잡초로, 화초 속에 화초로 수집되리라.
아니라, 나의 사랑은 우연에서 거리가 먼 곳에 세워졌도다.
우리 시대의 관습에서 오는
웃는 영화에도, 속박에 대한 불만에도
영향을 받지 않노라.
또 나의 사랑은 단기간에 사용되는
이단자인 간책奸策도 겁내지 않노라,
그것은 홀로 지혜롭게 초연히 서서
서염暑炎에도 자라지 않고 소나기에도 익사하지 않도다.
  나는 악을 위하여 살고 선을 위하여 죽는
  세월의 어릿광대들을 불러 이에 대한 증인이 되게 하리라.

124

If my dear love were but the child of state,
It might for fortune's bastard be unfathered,
As subject to time's love, or to time's hate,
4 Weeds among weeds, or flow'rs with flowers gathered.
No, it was builded far from accident;
It suffers not in smiling pomp, nor falls
Under the blow of thralled discontent,
8 Whereto th' inviting time our fashion calls.
It fears not policy, that heretic
Which works on leases of short numb'red hours,
But all alone stands hugely politic,
12 That it nor grows with heat, nor drowns with show'rs.
    To this I witness call the fools of time,
    Which die for goodness, who have lived for crime.

125

양산을 받쳐드는 것이 내게 무슨 상관이 있느뇨?
겉으로 경의를 표한 데 지나지 않는 것을.
또는 불멸토록 큰 초석을 놓은 게 내게 무슨 상관있느뇨?
늘 보는 쇠퇴보다 더 빨리 무너지는 것을.
나는 외양에 의존하는 자들의
너무 많은 대가를 전부 잃고 더욱 잃는 것을 보지 않았더뇨?
소박한 것을 버리고 복잡한 치레를 위하여
번영하는 자들은 가련하게도 보는 데만 힘을 낭비하나니.
나는 아니라, 그대의 가슴에만 정성을 바치리,
초라하나 자유롭고 최상과만 섞이며 기교를 모르는
나의 헌납을 받으시라,
다만 그대를 위하여서라는 상호간의 희생만을 아는.
    물러가라, 너 위증하는 고발자여! 진실한 영혼은
    가장 비난을 받을 때도 너로 인해 조금도 속박됨 없나니라.

125

    Were't ought to me I bore the canopy,
    With my extern the outward honoring,
    Or laid great bases for eternity,
4   Which proves more short than waste or ruining?
    Have I not seen dwellers on form and favor
    Lose all and more by paying too much rent
    For compound sweet forgoing simple savor,
8   Pitiful thrivers, in their gazing spent?
    No, let me be obsequious in thy heart,
    And take thou my oblation, poor but free,
    Which is not mixed with seconds, knows no art
12 But mutual render, only me for thee.
        Hence, thou suborned informer! A true soul
        When most impeached stands least in thy control.

126[*]

아, 고운 소년이여, 그대는 시간의 낫과
세월의 변하기 쉬운 거울을 손아귀 안에 넣고,
기울어짐에 따라 점점 원숙하게 되고
시들어가는 그대 애인들에게 그대 원숙해진 고운 자태 보이도다.
쇠퇴를 다스리는 여왕인 자연이
그대가 전진함에 따라 그대를 뒤로 잡아당겨
그대를 보류시킴은
세월을 멸시하고 가련한 시간을 죽이려 함이라.
그러나 자연을 무서워하라, 그의 마음에 든 총아인 그대여,
그가 한때 보배를 지닐지 모르나 길이 간직하는 건 아니라.
자연의 청산은 늦는다 해도 이행될 것이며
그의 결산決算은 그대를 양도하리라.

---

* 이 시편(詩篇)은 12행(行)으로, 여섯 개의 연구(聯句 : couplet)로 되어있음.

126

    O thou, my lovely boy, who in thy pow'r
    Dost hold time's fickle glass, his sickle hour,
    Who hast by waning grown, and therein show'st
4   Thy lovers withering, as thy sweet self grow'st—
    If nature, sovereign mistress over wrack,
    As thou goest onwards still will pluck thee back,
    She keeps thee to this purpose, that her skill
8   May time disgrace, and wretched minute kill.
    Yet fear her, O thou minion of her pleasure;
    She may detain but not still keep her treasure.
    Her audit, though delayed, answered must be,
12 And her quietus is to render thee.

127

옛날에는 검은 빛을 아름답게 여기지 않았어라,
아름답다 하더라도 미라고는 일컫지 않았어라.
그런데 지금은 검은 빛이 미의 상속자이며,
서자庶子라는 부끄러운 이름을 갖는도다.
왠가 하면 누구나 인공으로 자연의 힘을 가장하여
위조한 얼굴로 추를 미로 보이게 한 이래,
아름다운 미는 명예도 없고 신성한 거처도 없고,
모욕은 아니라도 모독을 당하도다.
그래서 내 여인의 눈은 까마귀같이 검고, 애수에 잘 어울리어라.
그 눈은 애도하는 것같이 보이도다.
미인으로 태어나지 않은 사람이 허위의 평가로
자연의 창조를 중상中傷하여 미인이 되는 것을.
    그러나 그 애도하는 양 비애에 어울려
    미인은 그렇게 보여야 된다고들 하더라.

---

* 이 시편(詩篇)으로부터 시편 152까지가 〈검은 살갗의 여인〉에 대한 것들이다.

127

    In the old age black was not counted fair,
    Or if it were it bore not beauty's name.
    But now is black beauty's successive heir,
4 And beauty slandered with a bastard shame;
    For since each hand hath put on nature's pow'r,
    Fairing the foul with art's false borrowed face,
    Sweet beauty hath no name, no holy bow'r,
8 But is profaned, if not lives in disgrace.
    Therefore my mistress' eyes are raven black,
    Her eyes so suited, and they mourners seem
    At such who, not born fair, no beauty lack,
12 Sland'ring creation with a false esteem.
        Yet so they mourn becoming of their woe,
        That every tongue says beauty should look so.

128

내 음악인 그대가 고운 손가락으로
축복받은 건반을 두드릴 때,
나의 귀를 현혹하게 하는 금속성 협화음을
그대가 곱게 일으킬 때,
부드러운 그대 손바닥에 입맞추려 빨리 뛰는 건鍵들을
내 얼마나 자주 부러워하리요!
그런 수확을 거둬야 할 내 가련한 입술은
그 목건木鍵들의 용기 앞에 얼굴을 붉히며 있을 때.
그렇게 건드려진다면 나의 입술은
그 춤추는 나무쪽과 처지도 위치도 바꾸고 싶어하리라.
그 몸 위로 그대의 손가락이 곱게 걸어가느니
죽은 나무쪽은 산 입술보다 복되리라.
    건방진 목건들은 이리도 행복하오니
    그들에겐 손가락을, 나에겐 키스할 입술을 주시라.

128

    How oft, when thou, my music music play'st
    Upon that blessed wood whose motion sounds
    With thy sweet fingers when thou gently sway'st
4   The wiry concord that mine ear confounds,
    Do I envy those jacks that nimble leap
    To kiss the tender inward of thy hand,
    Whilst my poor lips, which should that harvest reap,
8   At the wood's boldness by thee blushing stand.
    To be so tickled they would change their state
    And situation with those dancing chips,
    O'er whom thy fingers walk with gentle gait,
12 Making dead wood more blest than living lips.
        Since saucy jacks so happy are in this,
        Give them thy fingers, me thy lips to kiss.

129

음욕을 행하는 것은 수치스런 낭비에 의한 정신의 소모라
행하기 전까지도 음욕은
위증이요, 살인이요, 잔인이요, 오욕이라,
야만이요, 과격이요, 조야요, 잔학이요, 불신이라.
향락이 끝나면 곧 경멸이요
이성을 지나쳐 추구하고 그것을 얻자마자
이성을 지나쳐 미워하도다,
마치 삼킨 자에게 고통 주려고 고의로 놓여진 미끼를 미워하듯.
추구하는 동안도 광증이며, 얻은 뒤도 광증이라.
행한 뒤도, 행하고 있는 것도, 행하려는 그것도 다 극단이라.
경험 중에는 축복이요, 경험 뒤에는 비애라.
그전에는 환희요, 그후에는 악몽이라.
 이 모든 것을 세상은 알지만 잘 아는 이 없어라.
 지옥으로 사람을 이끄는 그 천국을 피할 줄은.*

---

* 14행(行)의 천국(天國)은 육체의 환락경(歡樂境)을 말함.

129

Th' expense of spirit in a waste of shame
Is lust in action, and till action lust
Is perjured, murd'rous, bloody, full of blame,
4   Savage, extreme, rude, cruel, not to trust,
Enjoyed no sooner but despised straight,
Past reason hunted, and no sooner had,
Past reason hated as a swallowed bait,
8   On purpose laid to make the taker mad;
Mad in pursuit, and in possession so,
Had, having, and in quest to have, extreme,
A bliss in proof, and proved, a very woe,
12 Before, a joy proposed, behind, a dream.
   All this the world well knows, yet none knows well
   To shun the heav'n that leads men to this hell.

130

내 애인의 눈은 조금도 태양 같지 않아라.
산호는 그의 입술이 빨간 것보다 더 빨갛고,
눈이 희다면 그 가슴은 검은 편이,
머리털이 금줄이라면 그녀의 머리털은 검은 실줄이다.
나는 붉고도 흰 장미를 보았지만,
그녀의 뺨에서는 그런 장미를 볼 수 없어라.
어떤 향수에는 그녀의 입김보다도
더 좋은 냄새가 있어라.
그 음성을 내 사랑하지만
음악만은 못한 것을 아노라.
여신이 걷는 것을 나는 못 보았거니
나의 여신은 언제나 땅을 밟도다.
  그러나 단정코 나의 애인은
  거짓을 견주어보는 누구보다 진귀하여라.

130

    My mistress' eyes are nothing like the sun—
    Coral is far more red than her lips' red—
    If snow be white, why then her breasts are dun—
4   If hairs be wires, black wires grow on her head:
    I have seen roses damasked, red and white,
    But no such roses see I in her cheeks,
    And in some perfumes is there more delight
8   Than in the breath that from my mistress reeks.
    I love to hear her speak, yet well I know
    That music hath a far more pleasing sound.
    I grant I never saw a goddess go;
12 My mistress when she walks treads on the ground.
        And yet, by heav'n, I think my love as rare
        As any she belied with false compare.

131

아름답지 않으면서도 그대 횡포한 것은
미모를 뽐내며 잔인해진 다른 여인들과 같다 하리라.
그대는 열렬히 사랑하는 나에게 자기가
가장 아름답고 귀한 보석임을 잘 알기에.
그러나 당신을 본 사람들은 성실하게 말하도다,
당신의 얼굴에는 애인을 고민하게 할 힘은 없다고.
나는 그들이 틀렸다고 말하지 아니하나
마음속에서는 혼자 맹세를 하노라.
내가 맹세한 바가 거짓이 아니란 증거로는
그대의 얼굴을 생각만 해도 천이나 되던 신음이, 그리고
연달아 신음이 증인이 되도다,
그대의 까만 빛깔이 내 판단으로는 가장 아름답다고.
    아, 그대는 행실 이외는 아무데도 검지 않아라.
    밉다는 이 중상은 내 생각건대 행실 때문이라.

131

    Thou art as tyrannous, so as thou art,
    As those whose beauties proudly make them cruel;
    For well thou know'st to my dear doting heart
4 Thou art the fairest and most precious jewel.
    Yet in good faith some say that thee behold
    Thy face hath not the pow'r to make love groan;
    To say they err I dare not be so bold,
8 Although I swear it to myself alone.
    And to be sure that is not false I swear,
    A thousand groans but thinking on thy face
    One on another's neck do witness bear
12 Thy black is fairest in my judgement's place.
        In nothing art thou black save in thy deeds,
        And thence this slander as I think proceeds.

132

내가 사랑하는 그대의 두 눈은 나를 불쌍히 여기도다,
그대의 마음이 나를 낮추 보고 괴롭게 하는 줄 알기에.
언제나 까만 것을 입고 인정 있는 애도자가 되도다,
나의 애통을 측은히 여기듯 내려다보면서.
진실로 하늘의 아침 해도
동녘의 회색 뺨에 더 어울리지 않고
저녁을 맞이하는 밝은 별도
엄숙한 서천西天에 그 광영의 반도 주지 못하도다,
그대의 두 눈이 그대의 얼굴에 알맞은 데 비한다면.
아! 그러면 그대의 마음도 나를 위해 울어 어울리게 하라.
우는 것은 그대를 우아하게 하나니
몸의 각 부분에 동정의 빛을 띠고,
  그때 나는 맹세하리라, 미의 본질은 까만 빛이라고.
  그리고 그대의 빛깔이 아닌 것은 다 추醜라고.

132

    Thine eyes I love, and they as pitying me,
    Knowing thy heart torment me with disdain,
    Have put on black, and loving mourners be,
4   Looking with pretty ruth upon my pain.
    And truly not the morning sun of heav'n
    Better becomes the gray cheeks of the east,
    Nor that full star that ushers in the ev'n
8   Doth half that glory to the sober west
    As those two mourning eyes become thy face.
    O let it then as well beseem thy heart
    To mourn for me, since mourning doth thee grace,
12 And suit thy pity like in every part.
        Then will I swear beauty herself is black,
        And all they foul that thy complexion lack.

133

나의 벗과 나에게 준 깊은 상처로 하여
나의 마음을 고민케 하는 그 마음 미워라!
나를 괴롭히는 것뿐으론 부족하여서
나의 고운 벗도 노예로 만들어야 하느뇨?
잔인한 당신의 눈은 나를 내 몸으로부터 뺏었거늘
또 제2의 나를 더 강하게 사로잡았도다.
나는 그에게도 나 자신에게도 그대에게도 버림받고,
3의 3배로 고통을 받게 되리로다.
나의 마음을 그대의 강철 같은 가슴에 집어넣더라도,
나의 벗의 마음은 나의 가련한 마음을 담보로 보석하라.
누가 나를 지키더라도 나의 마음은 그를 보호하리라.
그대는 감방에서 나에게 가혹하지 못하리라.
   그러나 가혹하리라, 내 그대 속에 갇혔기에
      나와 내게 있는 모든 것이 다 마음대로 되리니.

133

    Beshrew that heart that makes my heart to groan
    For that deep wound it gives my friend and me.
    Is't not enough to torture me alone,
4   But slave to slavery my sweet'st friend must be?
    Me from myself thy cruel eye hath taken,
    And my next self thou harder hast engrossed.
    Of him, myself, and thee, I am forsaken—
8   A torment thrice threefold thus to be crossed.
    Prison my heart in thy steel bosom's ward,
    But then my friend's heart let my poor heart bail;
    Whoe'er keeps me, let my heart be his guard,
12 Thou canst not then use rigor in my jail.
        And yet thou wilt, for I being pent in thee
        Perforce am thine, and all that is in me.

134

이렇게 나는 그가 당신 것이고,
나 자신도 당신의 뜻대로 되는 저당물이라 고백한 지금,
나는 나 자신을 몰수당하리라, 그래도 위안이 되게
제2의 나를 그대가 돌려준다면.
하나 당신은 그리 아니할 거요, 그도 자유가 되지 못할 것이라,
그대는 탐욕이 많고, 그는 마음이 곱기 때문이라.
그는 나를 위하여 보증인이 된 줄만 알았는데
그 증서로 그대는 그를 속박했어라.
그를 그대의 아름다운 담보로써 취득하려 하는
아! 그대는 고리대금업자, 모든 것에 이자 붙이고,
나를 위하여 채무자가 된 그를 고소하도다.
이리하여 나 그를 잃었노라, 나 당신에게 받은 학대로.
 나는 그를 잃고 당신은 그와 나 둘 다 얻었어라.
 그는 금액을 지불했지만 나는 자유롭지 않아라.

134

    So now I have confessed that he is thine,
    And I myself am mortgaged to thy will,
    Myself I'll forfeit, so that other mine
4   Thou wilt restore to be my comfort still.
    But thou wilt not, nor he will not be free,
    For thou art covetous, and he is kind;
    He learned but surety-like to write for me,
8   Under that bond that him as fast doth bind.
    The statute of thy beauty thou wilt take,
    Thou usurer that put'st forth all to use,
    And sue a friend came debtor for my sake;
12 So him I lose through my unkind abuse.
        Him have I lost; thou hast both him and me;
        He pays the whole; and yet am I not free.

135

소원 성취하는 여인이 있다면 그대는 윌意志*을 구현시켰도다.
그 위에 또 '윌'을, 또 여분餘分의 '윌'을 얻고.
이렇게 그대의 정다운 '윌'에 가입하여
그대를 괴롭히는 나는 가외의 존재라.
크고도 넓은 윌을 가진 그대이라
나의 '윌'을 그대의 '윌' 속에 감춰주길 마다 아니하리로다.
다른 사람의 '윌'은 우아하게 보이는데
내 '윌'에는 왜 응낙의 빛을 주시지 않느뇨?
바다는 다 물인데도 비를 받아들여
많은 분량을 그 저장 속에 넣어두도다.
'윌'이 많은 그대여, 그대의 '윌'을 더 크게 하라,
나의 윌을 하나 더 받아들여.
　　'안 된다'고 박절히 거절하여 정당한 탄원자를 죽이지 말라,
　　모든 것을 하나로 생각하라, 나도 그 하나의 '윌' 속에.

---

* 여기에서 윌will은 의지意志, 욕망慾望의 뜻 이외에 William Shakespeare와 William Herbert를 가리킨다고 함.

135

    Whoever hath her wish, thou hast thy "will",
    And "will" to boot, and "will" in overplus;
    More than enough am I that vex thee still,
4   To thy sweet will making addition thus.
    Wilt thou, whose will is large and spacious,
    Not once vouchsafe to hide my will in thine?
    Shall will in others seem right gracious,
8   And in my will no fair acceptance shine?
    The sea, all water, yet receives rain still,
    And in abundance addeth to his store;
    So thou being rich in "will" add to thy "will"
12 One will of mine, to make thy large "will" more.
        Let no unkind, no fair beseechers kill;
        Think all but one, and me in that one "will".

136

그대의 영혼이 그대로 하여금 내가 접근하는 것을 금한다면
그대의 눈먼 영혼에게, 내가 그대의 '윌'이었다고 단언하라.
'윌'이 그곳에 들어갈 수 있음을 영혼은 알리라.
이렇게 사랑을 위한 나의 원을 채워달라.
그대의 사랑의 보고寶庫는 '윌'로써 충만되리라.
많은 '윌'로써 채우되 나도 그 하나가 되게 하라.
용량이 큰 사물 속에선 쉽사리
다수 속에서 하나는 무無와 같음이 증명되리로다.
그러므로 수數 속에 세지 않아도 되도다,
재산 목록 속에서는 나는 하나가 되어야겠지만.
아무것도 아니라고 생각하시더라도
그대에게 사랑스러운 것이라 여기시라.
    나의 이름만이라도 사랑하고 언제나 사랑하라.
    그러면 그것이 나를 사랑하는 것, 나의 이름 '윌'이오니.

136

If thy soul check thee that I come so near,
Swear to thy blind soul that I was thy "will",
And will thy soul knows is admitted there:
4 Thus far for love my love-suit, sweet fulfil.
"will" will fulfil the treasure of thy love,
Ay fill it full with wills, and my will one.
In things of great receipt with ease we prove,
8 Among a number one is reckoned none.
Then in the number let me pass untold,
Though in thy store's account I one must be,
For nothing hold me, so it please thee hold
12 That nothing me, a something sweet to thee.
   Make but my name thy love, and love that still,
   And then thou lov'st me for my name is Will.

137

너 눈먼 바보 사랑이여, 내 눈을 어떻게 했기에
내 눈은 보면서도 바로 보지 못하는고?
미가 무엇인지를, 또 그것이 어디 있는지를 알면서도,
최악을 최선으로 생각하노라.
내 눈이 한편으로 치우치게 현혹되어
모든 사람이 들어오는 항만에 정박했더니,
너는 어찌하여 눈의 허위인 낚시를 만들어
감히 나의 판단을 구속하려 드느뇨?
온 세상의 공동광장으로 알고 있는 그곳을,
왜 사유지라고 내 마음은 생각해야만 하는고?
왜 또 나의 눈은 이것을 보면서 그렇지 않다고 하느뇨?
그 추한 얼굴에 참된 아름다움을 주려고.
    진정한 사물을 마음과 눈이 잘못 보았느니,
    그리하여 허위라는 병에 마음과 눈이 이양移讓됐노라.

137

    Thou blind fool love, what dost thou to mine eyes,
    That they behold and see not what they see?
    They know what beauty is, see where it lies,
4   Yet what the best is take the worst to be.
    If eyes corrupt by over-partial looks
    Be anchored in the bay where all men ride,
    Why of eyes' falsehood hast thou forged hooks,
8   Whereto the judgement of my heart is tied?
    Why should my heart think that a several plot,
    Which my heart knows the wide world's common place?
    Or mine eyes, seeing this, say this is not
12 To put fair truth upon so foul a face?
        In things right true my heart and eyes have erred,
        And to this false plague are they now transferred.

138

내 애인이 자기는 진실의 화신이라고 말할 때
거짓말하는 줄 알면서도 나는 믿노라,
이 세상의 기교 있는 거짓을 모르는 어수룩한 젊은이로
그녀가 나를 생각하게 하도록.
내 한창 시절이 지났음을 그녀가 알고 있는데도,
그녀가 나를 젊게 여긴다고 헛된 생각을 하면서
나는 바보인 양 그녀의 거짓말을 믿노라.
이리하여 양편의 솔직한 진실은 억압되었어라.
왜 그녀는 거짓이란 말을 아니하는고?
그리고 왜 나는 늙었다고 말하지 않는고?
아, 사랑의 최상의 습관은 믿는 체하는 데 있고,
사랑하는 연장자는 나이를 말하기 싫어하는 법이라.
    그러므로 나는 그녀 속이고 그녀는 나 속이고,
    거짓말로 허물을 감추노라.

138

    When my love swears that she is made of truth,
    I do believe her though I know she lies,
    That she might think me some untutored youth,
4   Unlearned in the world's false subtleties
    Thus vainly thinking that she thinks me young,
    Although she knows my days are past the best,
    Simply I credit her false-speaking tongue;
8   On both sides thus is simple truth suppressed.
    But wherefore says she not she is unjust?
    And wherefore say not I that I am old?
    O love's best habit is in seeming trust,
12 And age in love loves not to have years told.
        Therefore I lie with her and she with me,
        And in our faults by lies we flattered be.

139

아! 그대의 무정이 나의 가슴에 해를 끼치면서
정당하려고 하지 말라.
그대의 눈으로 상처주지 말고 그대 혀로 상처를 입히라.
힘으로 위력을 보일 것이지, 간책奸策으로 나를 죽이지 말라.
다른 데에 애인이 있다고 말하라. 그러나 내 앞에서는
아! 사랑하는 이여, 곁눈질하지 말라.
무슨 필요 있기에 간계로써 나를 상하게 하는고?
그대의 매력은 내 억압된 저항력이 감당치 못하는 것을?
나는 그대를 위하려 변명하리라. 아! 나의 사랑은
그녀의 아름다운 시선이 나의 적인 것을 아노라.
그러므로 그 적을 내 얼굴에서 돌리도다,
딴 사람에게 상처를 주려고.
    그러나 그리 하지 말라, 나는 거의 살해되었나니
    그 시선으로 나를 곧 죽여 고통을 면하게 하라.

139

    O call not me to justify the wrong

    That thy unkindness lays upon my heart;

    Wound me not with thine eye but with thy tongue;

4   Use pow'r with pow'r, and slay me not by art.

    Tell me thou lov'st elsewhere; but in my sight,

    Dear heart, forbear to glance thine eye aside.

    What need'st thou wound with cunning when thy might

8   Is more than my o'erpressed defence can bide?

    Let me excuse thee; ah, my love well knows,

    Her pretty looks have been mine enemies,

    And therefore from my face she turns my foes,

12 That they elsewhere might dart their injuries.

        Yet do not so, but since I am near slain,

        Kill me outright with looks, and rid my pain.

140

잔인한 것같이 현명해 달라.
너무나 지나친 경멸로 말없는 참을성을 누르지 말라.
그러면 슬픔이 나에게 말을 제공하고,
말이 동정 못 받는 내 고통을 표현하리라.
내 당신에게 지혜를 가르친다면
사랑하잖아도 나를 사랑한다고 그렇게 말하는 게 좋으리라.
마치 초조한 환자가 죽음이 가까웠을 때
회복이라는 말을 의사에게서 듣고 싶어하는 것과 같이.
만약에 내가 절망한다면 나는 미치리라,
미친다면 그대를 악평하리라.
곡해曲解를 좋아하는 세상은 지금 악화되어
미친 비방자의 말을 미친 귀들로 믿는도다.
    내 미치지 않고 그대 곡해받지 않도록
    시선을 바로 하라. 그대의 교만한 마음 딴 곳에 있더라도.

140

    Be wise as thou art cruel, do not press
    My tongue-tied patience with too much disdain:
    Lest sorrow lend me words, and words express
4   The manner of my pity-wanting pain.
    If I might teach thee wit, better it were,
    Though not to love, yet, love, to tell me so;
    As testy sick men, when their deaths be near,
8   No news but health from their physicians know.
    For if I should despair, I should grow mad,
    And in my madness might speak ill of thee.
    Now this ill-wresting world is grown so bad,
12 Mad sland'rers by mad ears believed be.
        That I may not be so, nor thou belied,
        Bear thine eyes straight, though thy proud heart go wide.

141

진실로 나는 눈으로는 그대를 사랑하지 않노라.
눈은 그대에게서 천千의 허물을 보기 때문이라.
그러나 눈이 멸시하는 것을 시각엔 상관없이
나의 마음은 매혹된 듯이 사랑하도다.
나의 귀도, 그대 하는 말을 즐기지 않도다.
섬세한 촉감은 저열한 자극에 기울어지지 않고
미각도 후각도 그대와 같이
어떤 육肉의 향연에도 초대받으려 하지 않노라.
그러나 나의 지력知力도, 나의 오감五感도
어리석은 마음이, 그대 섬기는 것을 막지 못하는도다.
나의 마음은 나를 제어하지 못하고 허수아비로 두고 가도다.
거만한 마음의 노예, 비천한 시종이 되려고.
  오직 나의 이런 고통만을 이익으로 여기노라,
  나에게 죄를 짓게 한 그녀가 주는 고행苦行이기에.

141

In faith, I do not love thee with mine eyes,
For they in thee a thousand errors note;
But 'tis my heart that loves what they despise,
4 Who in despite of view is pleased to dote.
Nor are mine ears with thy tongue's tune delighted;
Nor tender feeling, to base touches prone,
Nor taste, nor smell, desire to be invited
8 To any sensual feast with thee alone.
But my five wits, nor my five senses can
Dissuade one foolish heart from serving thee,
Who leaves unswayed the likeness of a man,
12 Thy proud heart's slave and vassal wretch to be.
    Only my plague thus far I count my gain,
    That she that makes me sin awards me pain.

142

사랑하는 것은 나의 죄요, 싫어하는 것은 그대의 덕이라,
내 죄를 그대 싫어함은 죄 많은 사랑 때문이라.
아! 그러나 내 처지를 그대 처지와 비교하여 보라,
그러면 나를 책망하지 않는 것이 옳다고 생각하리라.
혹시 책망을 받는다면 그대의 입술로는 하지 말라,
그들의 빨간 화장을 모독하며
나의 입술같이 자주 사랑의 허위 계약에 도장을 찍고
다른 사람의 침대 수입을 가로챈 입술로써는.
내 그대 사랑하는 것도 정당시하라, 그대 그들을 사랑함과 같이.
내 눈이 그대에게 애원하듯 그대 눈이 그들을 유혹하나니.
그대 가슴에 연민을 심으라, 그것이 자라면
그대의 연민은 연민을 받게 되리라.
  그대가 감춘 것을 찾으려면,
  자신이 본보기로 거절당할지로다.

142

    Love is my sin, and thy dear virtue hate,
    Hate of my sin, grounded on sinful loving.
    O but with mine compare thou thine own state,
4   And thou shalt find it merits not reproving,
    Or if it do, not from those lips of thine,
    That have profaned their scarlet ornaments,
    And sealed false bonds of love as oft as mine,
8   Robbed others' beds' revenues of their rents.
    Be it lawful I love thee as thou lov'st those
    Whom thine eyes woo as mine importune thee.
    Root pity in thy heart, that, when it grows,
12 Thy pity may deserve to pitied be.
        If thou dost seek to have what thou dost hide,
        By self-example mayst thou be denied.

143

기르던 날짐승이 달아나는 것을 붙잡으려
찬찬한 주부主婦가 달음질칠 때
아기를 내려놓고 재빨리
주부는 달아나는 것을 쫓도다.
떼어놓은 아기가 엄마를 붙들려고 울어도.
자기 앞에 달아나는 새에게만
엄마는 바쁜 마음을 뺏기도다,
불쌍한 아기가 보채는 것은 내버려두고.
이렇게 그대는 달아나는 것을 쫓아가도다.
나는 그대의 아기요, 떨어져 그대의 뒤를 따라가는데.
그러나 그대여, 그대의 희망을 잡거든 다시 돌아와
엄마같이 키스를 하고 귀여워해 달라.
    그렇다, 나는 그대가 그대의 '윌'*을 얻기를 바라노라,
    그대가 돌아와서 우는 나를 달래준다면.

---

* '윌'은 시인 아닌 다른 William을 가리키는 고유명사이나 욕망이라는 뜻도 들어있다고 볼 수 있음.

143

    Lo, as a careful housewife runs to catch
    One of her feathered creatures broke away,
    Sets down her babe, and makes all swift dispatch
4 In pursuit of the thing she would have stay—
    Whilst her neglected child holds her in chase,
    Cries to catch her whose busy care is bent
    To follow that which flies before her face,
8 Not prizing her poor infant's discontent:
    So run'st thou after that which flies from thee,
    Whilst I, thy babe, chase thee afar behind;
    But if thou catch thy hope, turn back to me,
12 And play the mother's part, kiss me, be kind.
        So will I pray that thou mayst have thy "will",
        If thou turn back and my loud crying still.

144

내게 두 애인 있노라, 하나는 위안이요, 하나는 절망이라,
그들은 두 요정인 양 항시 나를 유혹하도다.
천사는 수려한 남자요
악마는 살갗이 검은 여자라.
이 마녀는 나를 속히 지옥으로 데려가려고
나의 천사를 유혹하여 내 곁을 떠나게 하고,
내 성자(聖者)를 악마로 타락시키려 하노라,
그의 순결을 그녀의 더러운 교만으로 꾀어서.
내 천사 악마가 되었는지 의심할 뿐
명백히 말할 수는 없어라.
둘이서 정답게 내 곁을 떠났기에
하나가 다른 것의 지옥에 빠졌으리라.
    잘은 알지 못하고 의심 속에 살고 있노라,
    악마가 천사를 추방할 때까지.

144

    Two loves I have of comfort and despair,
    Which like two spirits do suggest me still;
    The better angel is a man right fair,
4   The worser spirit a woman coloured ill.
    To win me soon to hell, my female evil
    Tempteth my better angel from my side,
    And would corrupt my saint to be a devil,
8   Wooing his purity with her foul pride.
    And whether that my angel be turn'd fiend,
    Suspect I may, yet not directly tell,
    But being both from me, both to each friend,
12 I guess one angel in another's hell.
        Yet this shall I ne'er know, but live in doubt,
        Till my bad angel fire my good one out.

145*

사랑이 손수 만든 입술은
'나는 싫어'라고 소리를 냈어라,
그녀를 사모하여 고민하는 나에게.
그러나 그 말에 내가 비통해 하는 것을 보고는
곧 자비심을 일으켜
언제나 온화한 선언에만 사용되는
고운 혀를 나무라고
새로 나에게 인사할 것을 가르치노라.
'나는 싫어'의 끝을 고쳤으며,
끝말은 그 말에 뒤를 잇도다.
화창한 낮이 밤을 따르듯이
그 밤이 악마와 같이 하늘에서 스러져.
   '나는 싫어' 뒤에 '그대는 아니고'라는 말을 놓아
   '나는 싫어'를 던져버리고 나의 목숨을 살렸어라.

---

* 매행(每行) 8음절(音節)로 되어 있는 이 시편은 셰익스피어의 작(作)이 아니라고도 한다.

145

    Those lips that love's own hand did make
    Breathed forth the sound that said, I hate,
    To me that languished for her sake.
4   But when she saw my woeful state
    Straight in her heart did mercy come,
    Chiding that tongue that ever sweet
    Was used in giving gentle doom;
8   And taught it thus anew to greet:
    I hate she altered with an end,
    That followed it as gentle day
    Doth follow night, who like a fiend
12 From heav'n to hell is flown away.
        I hate from hate away she threw,
        And saved my life saying, not you.

146

이 죄 많은 이 흙덩이의 중심이며,
너를 싸고 있는 이 육체의 반란을 겪는, 아, 가련한 영혼이여,
왜 너는 안에서 번민과 결핍을 맛보면서
바깥 벽은 그렇게 화려하게 칠하느뇨?
빌린 기한이 짧고 스러져 가는 저택에
왜 그렇게 큰 비용을 쓰느뇨?
이렇게 사치스런 육신의 상속자인 벌레들에게
그 전체 비용을 먹게 하려느뇨? 이것이 네 육신의 종말이뇨?
그렇다면 영혼이여, 네 노복인 육신이 손해 보게 하고 네가 살라.
노복으로 하여금 너의 양식을 증산하느라고 애쓰게 하라.
더러운 시간을 팔아서 신성한 기한을 사라,
속은 살찌게 하고 겉은 더 부유하지 못하게 하라.
    그리하여 너는 사람을 먹는 죽음을 먹고 살라.
    죽음이 한번 죽으면 죽는 자들 다시 없으리라.

146

Poor soul, the center of my sinful earth,
[Presses by] these rebel pow'rs that thee array,
Why dost thou pine within and suffer dearth,
4   Painting thy outward walls so costly gay?
Why so large cost, having so short a lease,
Dost thou upon thy fading mansion spend?
Shall worms, inheritors of this excess,
8   Eat up thy charge? Is this thy body's end?
Then, soul, live thou upon thy servant's loss,
And let that pine to aggravate thy store:
Buy terms divine in selling hours of dross;
12 Within be fed, without be rich no more.
    So shall thou feed on death, that feeds on men,
    And death once dead, there's no more dying then.

147

나의 사랑은 열병 같도다,
병은 그것을 더 오래 가게 하는 것을 동경하며,
병은 그것을 더 길게 끌고 갈 것을 먹는도다,
입맛을 잃은 미각을 즐겁게 하기 위하여.
나의 병을 고쳐야 할 의사인 이성理性은
약방문藥方文대로 하지 않는다고 성을 내며 나를 떠나고
나는 절망 끝에 알게 되었노라,
치료를 아니 받는 열병은 곧 죽음인 것을.
고치기엔 늦었고, 이성理性은 이미 가버렸도다,
끝없는 불안으로 광증에 빠져
나의 생각이나 말이나 다 미친 사람같이
대중할 수 없고 허황되도다.
  아름답다 선언하고 찬란하다 생각하노라.
  지옥같이 검고 밤같이 어두운 그대를.

147

    My love is as a fever, longing still

    For that which longer nurseth the disease,

    Feeding on that which doth preserve the ill,

4   Th' uncertain sickly appetite to please.

    My reason, the physician to my love,

    Angry that his prescriptions are not kept,

    Hath left me, and I desp'rate now approve

8   Desire is death, which physic did except.

    Past cure I am, now reason is past care,

    And frantic mad with evermore unrest,

    My thoughts and my discourse as madmen's are,

12 At random from the truth vainly expressed;

        For I have sworn thee fair, and thought thee bright,

        Who art as black as hell, as dark as night.

148

아! 사랑은 나의 머리에 어떤 눈을 달아놓기에
정확한 시각과 일치하지 않느뇨?
만약 일치한다면, 내 판단력은 어디로 갔느뇨?
바르게 본 것을 그릇 판단하다니?
부정확한 내 눈이 그토록 사랑하는 것이 정말 아름답다면,
세상이 그것을 아름답지 않다고 함은 어인 일이뇨?
아름답지 않다면 사랑은 증명하리라,
사랑하는 눈은 다른 눈처럼 진실치 않다고.
어찌 그럴 수 있으리, 아! 어이 사랑의 눈이 진실하리오.
감시와 눈물로 괴롭혀진 눈이.
내가 잘못 보는 것은 이상할 것 없도다.
하늘이 맑아져야 태양도 비칠 수 있어라.
   아, 교활한 사랑아! 눈물이 내 눈을 뵈잖게 하도다,
   잘 보이면 그대의 나쁜 결점을 찾아낼까 봐.

148

O me! what eyes hath Love put in my head,
Which have no correspondence with true sight!
Or if they have, where is my judgment fled,
4   That censures falsely what they see aright?
If that be fair whereon my false eyes dote,
What means the world to say it is not so?
If it be not, then love doth well denote,
8   Love's eye is not so true as all men's: no.
How can it? O how can love's eye be true,
That is so vexed with watching and with tears?
No marvel then though I mistake my view;
12 The sun itself sees not till heaven clears.
   O cunning love, with tears thou keep'st me blind,
   Lest eyes, well seeing, thy foul faults should find.

149

아, 가혹한 그대여! 내가 사랑하지 않는다 말할 수 있느뇨?
내가 그대 편들어 자신을 적으로 하는데.
내가 그대를 생각하지 않느뇨?
그대를 위하여 폭군이 되어 나 자신도 잊었거늘.
그대를 미워하는 자를 벗이라 부른 일이 있느뇨?
그대에게 찡그리는 자에게 아첨한 일이 있느뇨?
그대 나를 보고 찌푸리시면 나는 곧
신음을 하면서 나 자신에게 분풀이하려 하지 않느뇨?
교만하여 그대를 섬기는 것을 천히 여기도록
내 어떤 큰 덕을 중히 여기느뇨?
그대의 눈이 움직이는 대로 명령命을 받들어
나의 모든 장점이 그대의 단점을 찬미하는데.
　　하나 더 미워해도 좋도다, 내 이제 그대의 마음 알았나니.
　　그대는 볼 수 있는 자들을 사랑하는데, 나는 장님이어라.

149

    Canst thou, O cruel, say I love thee not,
    When I against myself with thee partake?
    Do I not think on thee when I forgot
4   Am of my self all tyrant for thy sake?
    Who hateth thee that I do call my friend?
    On whom frown'st thou that I do fawn upon?
    Nay, if thou lour'st on me, do I not spend
8   Revenge upon myself with present moan?
    What merit do I in myself respect,
    That is so proud thy service to despise,
    When all my best doth worship thy defect,
12 Commanded by the motion of thine eyes?
        But, love, hate on, for now I know thy mind;
        Those that can see thou lov'st, and I am blind.

150

아! 부족함을 가지고 내 마음을 휘저어 놓는,
이 굳센 힘을 어느 힘에서 얻었느뇨?
나의 참된 시각視覺을 믿지 않게 하고,
태양도 밝지 않다고 맹세하게 하는 그 힘을.
어떻게 그대는 추한 것을 보기 좋게 할 수 있느뇨?
그대의 행위의 잔재殘滓 속에도
힘과 보증된 기술이 있어
그대의 최악은 모든 최선보다 우월하다고 생각하노라.
누가 가르쳤느뇨? 미워할 원인을 듣고 볼수록
나로 하여금 그대를 더욱 사랑하게 만드는 법을.
아! 사람들이 미워하는 것을 내가 사랑한다고
그들과 더불어 내 처지를 미워 말라.
　　그대의 무가치가 내게서 사랑을 일으킨다면,
　　그대에게 사랑받을 가치가 더욱 내게 있도다.

150

    O from what pow'r hast thou this pow'rful might,
    With insufficiency my heart to sway?
    To make me give the lie to my true sight,
4   And swear that brightness doth not grace the day?
    Whence hast thou this becoming of things ill,
    That in the very refuse of thy deeds
    There is such strength and warrantise of skill,
8   That, in my mind, thy worst all best exceeds?
    Who taught thee how to make me love thee more,
    The more I hear and see just cause of hate?
    O, though I love what others do abhor,
12 With others thou shouldst not abhor my state:
        If thy unworthiness raised love in me,
        More worthy I to be belov'd of thee.

151

사랑은 인식을 갖기에는 너무나 어리도다.
그러나 분별이 사랑에서 탄생하는 것을 뉜들 모르리요?
그러니 마음 고운 사기꾼이여, 내 허물은 비난하지 말라,
내 죄를 그대에게 씌우게 되리니.
나 그대에게 배반당하므로
내 영혼이 더러운 육신의 모반謀叛에 가담케 했노라.
그때 영혼은 육신에게 하는 말이
자기가 사랑에서 승리하리라고.
육肉은 더 말이 나오기도 전에 그대 이름 듣자 일어나며
자기의 전리품이라 지적하는도다.
육은 뽐내며 그대의 천한 종이 되기를 바라노라,
그대를 위하여 서고 그대 옆에 쓰러지기를.
    그녀를 사랑이라 부름은 나의 양심이 없어서가 아니어라,
    그 '사랑'을 위하여 나는 일어나고 쓰러지노라.

151

    Love is too young to know what conscience is,
    Yet who knows not conscience is born of love?
    Then, gentle cheater, urge not my amiss,
4   Lest guilty of my faults thy sweet self prove.
    For thou betraying me, I do betray
    My nobler part to my gross body's treason;
    My soul doth tell my body that he may
8   Triumph in love; flesh stays no farther reason,
    But rising at thy name doth point out thee,
    As his triumphant prize— proud of this pride,
    He is contented thy poor drudge to be,
12 To stand in thy affairs, fall by thy side.
        No want of conscience hold it that I call
        Her love for whose dear love I rise and fall.

152

그대는 아시리라, 나 그대를 사랑함으로 맹세 깨뜨린 것을.
그러나 그댄 두 번 맹세 깨뜨렸도다, 내게 사랑을 맹세했었으니.
예전에 결혼을 깨뜨리고 또 새로운 신의를 깨뜨림으로
새로 사랑한 뒤에 새 증오를 맹세함으로.
그러나 왜 그대가 두 번 파약破約한 것을 비난하리요,
난 스무 번이나 깨뜨리지 않았던고? 난 최대의 위증자이라.
나의 모든 맹세는 그대를 잘못 나타낸 다짐이요,
나는 그대로 하여 모든 나의 신의를 잃었노라.
나는 굳은 맹세를 했었노라, 그대의 친절에 대하여,
그대의 사랑, 그대의 진실, 그대의 정숙에 대하여.
그대를 돋보이게 하려고 내 눈을 안 보이게 했노라.
그렇지 않다면 보는 바를 반대로 말하게 했으리라.
  그대를 나는 아름답다고 맹세했어라,
  더러운 거짓말로 사실과 다르게 위증한 것은 내로다.

152

In loving thee thou know'st I am forsworn,
But thou art twice forsworn to me love swearing,
In act thy bed-vow broke and new faith torn
4   In vowing new hate after new love bearing.
But why of two oaths' breach do I accuse thee,
When I break twenty? I am perjured most,
For all my vows are oaths but to misuse thee,
8   And all my honest faith in thee is lost.
For I have sworn deep oaths of thy deep kindness,
Oaths of thy love, thy truth, thy constancy,
And to enlighten thee gave eyes to blindness,
12 Or made them swear against the thing they see,
        For I have sworn thee fair: more perjured eye,
        To swear against the truth so foul a lie.

153[*]

큐우핏은 그의 횃불을 옆에 놓고 잠이 들었도다.
다이아나의 시녀 하나가 이것을 좋은 기회로 보고
그 연정을 일으키게 하는 불을 재빨리
그곳 차가운 골짜기 샘에 담갔노라.
샘물은 이 사랑의 성화聖火에서
끝없이 지속할 영생의 열을 얻어
끓는 온천이 되도다. 이 온천을 사람들은
아직도 괴질을 치료한다 하도다.
그러나 내 연인의 눈에서 사랑의 횃불은 다시 타고,
큐우핏은 시험삼아 내 가슴에 그것을 대니
나는 곧 병이 들어 온천의 도움을 받으려
그곳으로 달려갔어라, 우울한 병객病客이 되어.
    그러나 효험은 없었도다, 나를 낫게 할 온천은
    큐우핏이 새 불을 얻은 내 애인의 눈 속에 있으니.

---

[*] 이 시편(詩篇)과 다음 시편 154는 둘 다 같은 전설(傳說)을 소재로 한 5세기경 희랍시(希臘詩)를 자유역(自由譯)한 것임.

153

     Cupid laid by his brand and fell asleep,
     A maid of Dian's this advantage found,
     And his love-kindling fire did quickly steep
4   In a cold valley-fountain of that ground,
     Which borrowed from this holy fire of love
     A dateless lively heat, still to endure,
     And grew a seething bath which yet men prove
8   Against strange maladies a sovereign cure.
     But at my mistress' eye love's brand new-fired,
     The boy for trial needs would touch my breast.
     I sick withal the help of bath desired,
12   And thither hied, a sad distempered guest,
         But found no cure; the bath for my help lies
         Where Cupid got new fire— my mistress' eye.

154

언젠가 작은 사랑의 신이 잠자고 있었노라,
가슴을 불붙이는 횃불을 옆에 놓고.
그때에 순결을 맹세한 여러 선녀가
총총걸음으로 걸어왔어라.
그중에 가장 아름다운 처녀가 그 횃불을 잡았노라.
수많은 참된 가슴을 태운 그 불을.
이리하여 정열의 사령관은 잠을 자다가
한 처녀의 손에 무장 해제를 당하였도다.
그 횃불을 그녀는 근처에 있는 찬 샘에 꺼버렸노라,
그 샘은 사랑의 횃불에서 열을 얻어
온천이 되고 양약(良藥)이 되도다.
그러나 연인의 노예인 나는
  치료하러 갔다가 시험해본 후 깨달았노라.
  사랑의 불은 물을 덥게 하나, 물은 사랑을 식히지 못함을.

154

    The little love-god lying once asleep

    Laid by his side his heart-inflaming brand,

    Whilst many nymphs that vowed chaste life to keep

4   Came tripping by, but in her maiden hand

    The fairest votary took up that fire,

    Which many legions of true hearts had warmed;

    And so the general of hot desire

8   Was sleeping by a virgin hand disarmed.

    This brand she quenched in a cool well by,

    Which from love's fire took heat perpetual,

    Growing a bath and healthful remedy

12 For men diseased; but I, my mistress' thrall,

        Came there for cure, and this by that I prove:

        Love's fire heats water, water cools not love.

셰익스피어 연보

1564년	4월 23일 스트래트포드 시에서 상업에 종사하며 시 고위직으로 있었던 아버지 존 셰익스피어와 지주의 딸인 어머니 메리 아든 사이에서 셋째이자 장남으로 워릭셔 주의 작은 마을 스트래트포드온에이번의 헨리 거리에서 태어남 (현재 그 집은 셰익스피어 박물관이다). 4월 26일에 성 삼위일체 교회에서 세례받음.
1570년	셰익스피어가 스트래트포드 문법학교에 재학한 기록은 남아 있지 않으나 당시 아버지의 집안과 지위로 보아 라틴어, 수사학, 논리학과 테렌스, 세네카 등 고대 로마 작가의 고전문학을 배우고 기초교육을 받았다.
1582년	18세가 된 셰익스피어는 가세가 기울자 11월 27일에 반강제로 이미 임신 중인 여덟 살 연상의 앤 해서웨이와 결혼.
1583년	5월 26일 첫딸 수잔나가 출생하고 세례받음.
1585년	2월 2일 쌍둥이 아들 햄닛과 딸 주디스가 출생하고 세례받음. 이 무렵 학교 교사로 일했다는 기록이 있으나 확실치 않음.
1588년	확실한 기록은 없으나 가족들을 두고 옥스퍼드를 거쳐 런던으로 떠남.
1588~94년	런던에서 극작가와 배우로 활동하며 극작품《실수 연발》,

	《사랑의 헛수고》 공연.
1589~92년	3부작 《헨리 6세》 공연.
1592년	당시 캠브리지 대학 출신 극작가 로버트 그린은 런던 극장가에서 두각을 나타내기 시작한 셰익스피어를 시기하고 폄하하는 글을 남김.
1592~93년	《비너스와 아도니스》 출간.
1592~94년	시집《루크리스의 겁탈》, 희곡《리처드 3세》,《티투스 안드로니쿠스》,《말괄량이 길들이기》,《베로나의 두 신사》 출간.
1593~1600년	《소네트집》 출간.
1594~96년	《로미오와 줄리엣》 출간. 1594년 12월 27일과 28일, 그리니치 궁전에서 왕 앞에서 배우로서 연기하며 호평을 받음.
1595년	《리차드 2세》 출간.
1595~96년	《베니스의 상인》,《한 여름밤의 꿈》 출간.
1596년	아버지가 문장(a coat of arms)을 가지도록 허가 받음. 장남 햄닛 사망.
1596~97년	《존 왕》,《헨리 4세》(1부) 출간.
1597년	《윈저의 즐거운 여인들》 출간. 스트랫퍼드 시에서 저택 뉴 플레이스를 구입함(이 저택은 1759년에 헐림).
1597~98년	《헨리 4세》(2부) 출간.
1598년	윌리엄 셰익스피어라는 이름이 극 표지에 처음으로 등장함.
1598~99년	《대단한 헛소동》,《헨리 5세》 출간.
1599년	《줄리어스 시저》 출간. 런던의 사우스워크에 8각형 목조

	건물인 글로브 극장 운영에 주주로 참여 많은 이익을 받음 (이 극장은 1613년 6월 29일에 화재로 소실됨).
1599~1600년	《좋으실대로》,《십이야》 출간. 셰익스피어 극단이 글로브 극장으로 옮김.
1600~1601년	《햄릿》,《불사조와 거북이》 출간.
1601년	9월 8일 아버지 사망.
1601~1602년	《트로일러스와 크레시다》 출간.
1602~1604년	《끝이 좋으면 다 좋다》 출간.
1603년	엘리자베스 1세 여왕 후사 없이 서거. 스코틀랜드를 통치하던 제임스 6세가 영국의 제임스 1세가 되어 통치함. 셰익스피어 극단이 황실의 극단으로 임명 받으면서 '킹스맨'이라고 불림.
1603~1604년	《오셀로》 출간.
1604년	《잣대에 잣대로》 출간.
1605~1606년	《리어 왕》,《맥베스》 출간.
1604~1608년	《아테네의 타이먼》 출간.
1606~1607년	《안토니와 클레오파트라》 출간.
1607년	6월 5일 큰 딸 수잔나, 프로테스탄트 외과의사 존 홀과 결혼.
1607~1608년	《코리온레이너스》,《페리클레스》 출간. 손녀딸 엘리자베스 출생.
1608년	9월 9일 어머니 사망.
1609~1610년	《심벌린》 출간. 셰익스피어 극단이 블랙프라이어스 극장 매입.

1610~1611년	《겨울 이야기》 출간. 은퇴하여 고향 스트랫퍼드로 돌아와 유복한 생활을 누림.
1611년	《태풍》 출간.
1612~13년	《헨리 8세》 출간.
1613년	《두 귀족 친척》 출간. 런던에 상당한 양의 부동산 매입, 글로브 극장 화재로 소실.
1614년	11월 15일 런던 방문, 두 번째 글로브 극장 세움.
1616년	2월 10일 둘째 딸 주디스 결혼, 3월 25일 유언서를 작성하고 4월 23일 스트래트포드에서 52세의 젊은 나이로 사망. 성 삼위일체 교회에 매장됨. 몇 년 후 가족들에 의해 흉상이 세워짐.
1623년	8월 6일 아내 앤 해서웨이 사망. 《셰익스피어 희극, 사극, 비극》 초판 발행.

피천득 연보

1910	서울 종로구 청진동 191번지에서 5월 29일 태어남(본관 : 홍성, 아버지 피원근, 어머니 김수성).
1916	아버지 타계. 유치원 입학, 동시에 서당에서 《통감절요》를 배움.
1919	어머니 타계. 경성제일고보(현 경기고) 부속소학교 입학.
1923	제일고보 부속소학교 4학년 때 검정고시 합격으로 2년 월반하여 경성제일고보 입학. 춘원 이광수가 피천득을 자신의 집에 3년간 유숙시키며 문학, 한시 및 영어 지도.
1924	2년 연상인 양정고보 1년생 윤오영과 등사판 동인지 《첫걸음》에 제목 미상의 시 발표.
1926	첫 시조 〈가을비〉를 《신민(新民)》 2월호(10호)에 발표. 9월에 첫 단편소설 번역(알퐁스 도데의 〈마지막 시간〉을 번역하여 《동아일보》에 4회 연재).
1927	중국 상하이 공부국 중학교 입학(1930년 6월 30일 졸업), 흥사단 가입. 도산 안창호 선생에게 사사.
1930	첫 자유시 〈차즘〉(찾음)을 《동아일보》에(1930년 4월 7일) 발표(등단). 상하이 후장대학(현 상하이 대학교) 예과 입학(9월 1일).
1931	후장대학 상과에 입학, 후에 영문학과로 전과함. 《동광》지에 시 3편(〈편지〉〈무제〉〈기다림〉) 발표.
1932	첫 수필 〈은전 한닢〉을 《신동아》(1932년 5월호)에 발표.

1934	내서니얼 호손 단편소설 〈석류씨〉 번역(윤석중 책임 편집 《어린이》지에 게재). 상하이 유학 중 중국 내전으로 일시 귀국하여 금강산 장안사에서 상월스님에게 1년간 《유마경》《법화경》을 배우고 출가까지 생각하였으나 포기.
1937	상하이 후장대학 영문학과 졸업(졸업 논문 주제는 아일랜드 애국시인 W. B. 예이츠).
1939	임진호와 결혼(시인 주요한 부인의 중매와 이광수 부인 허영숙의 추천). 장남 세영 태어남.
1940	서울 중앙상업학원 교원(1945년 1월 20일까지).
1941	경성제국대학 이공학부 도서관 고원(영문 카탈로그 작성).
1943	차남 수영 태어남.
1945	경성대학교 예과교수 취임(10월 1일), 그 이듬해 국대안 파동으로 사직서 제출(10월 22일).
1946	서울대학교 문리과대학 교수(1948년 2월 28일까지).
1947	첫 시집 《서정시집》(상호출판사) 간행. 딸 서영 태어남.
1948	서울대학교 사범대 영문과 교수 취임(3월 1일).
1954	미국 국무성 초청 하버드대 연구교수(1년간).
1957	《셰익스피어 이야기들》(찰스 램 외 저) 번역(대한교과서주식회사) 출간.
1959	《금아시문선》(경문사) 출간.
1963	서울대학교 대학원 영어영문학과 주임교수(1968년 1월 10일까지). 8·15표창 받음.
1964	《셰익스피어 쏘네트집》 번역(정음사) 출간.
1968	자신의 영역 작품집 《플루트 연주자(A Flute Player)》(삼화출판사) 출간.

1969	금아시문선《산호와 진주》(일조각) 출간. 미국의 여러 대학에서 한국 문학, 문화 순회강연. 영국 BBC초청으로 영국 방문.
1970	제37회 국제PEN 서울세계대회(대회장 : 백철) 참가 : 논문발표 및 한국시 영역 참여. 국민훈장 동백장 받음.
1973	월간문예지《수필문학》에 수필〈인연〉발표.
1974	서울대학교 조기퇴직(8월 14일자) 후 미국 여행.
1975	서울대학교 명예교수.
1976	수필집《수필》(범우사) 출간.
1977	《산호와 진주》로 제1회 수필문학대상 수상.
1980	《금아시선》《금아문선》(일조각) 출간.
1991	대한민국 문화예술상 은관문화훈장 수여.
1993	시집《생명》(동학사) 출간.
1994	번역시집《삶의 노래 — 내가 사랑한 시, 내가 사랑한 시인》(동학사) 출간.
1995	제9회 인촌상 수상(시 부문).
1997	88세 미수기념《금아 피천득 문학전집》(전 4권, 샘터사) 출간.
1999	제9회 자랑스러운 서울대인 수상.
2001	영역 작품집《종달새(A Skylark: Poems and Essays)》(샘터사) 출간.
2002	단편소설 번역집《어린 벗에게》(여백) 출간.
2005	상하이 방문(상하이를 떠난 지 70년 만에 차남 피수영, 소설가 박규원과 함께).
2007	서울 구반포 아파트에서 폐렴 증세로 서울 아산병원에 입원한 뒤 별세(5월 25일). 경기도 남양주 모란공원(예술인 묘역)에 안장.

타계 후 주요사항

2008 서울 잠실 롯데월드 3층 민속박물관 내 '금아피천득기념관' 개관.
2010 탄생 100주년 기념 제1회 금아 피천득 문학세미나 개최(중앙대).
2014 피천득 동화 《자전거》 창작 그림책(권세혁 그림) 출간. 2018년부터 피천득 수필 그림책 시리즈 《장난감 가게》(조태경 그림), 《엄마》(유진희 그림), 《창덕궁 꾀꼬리》(신진호 그림), 《서영이와 난영이》(한용옥 그림) 계속 출간.
2015 금아피천득선생기념사업회 결성(초대회장 석경징).
2016 부인 임진호 여사 별세(모란공원에 합장).
2017 서거 10주기를 맞아 《피천득 평전》(정정호 지음) 출간.
2018 서울 서초구 반포천변에 '피천득산책로'(서초구청) 조성.
2022 탄생 112주기, 서거 15주기를 맞아 《피천득 문학 전집》(전 7권)(범우사)과 《피천득 대화록》(범우사) 출간.

작품 해설

셰익스피어의 작품 전부를 시라고 할 수 있다. 그러나 극이 아닌 시로 가장 중요한 것은 《셰익스피어 소네트 시집》이다. (…) 이 《셰익스피어 소네트 시집》은 같은 빛깔이면서도 여러 종류의 구슬이 섞여 있는 한 목걸이로 볼 수도 있고, 독립된 구슬들이 들어 있는 한 목걸이로 볼 수도 있고, 독립된 구슬들이 들어 있는 한 상자라고 할 수도 있는 것이다. 그의 친구의 아름다움이 과장되어 있으며, 수다스러우면서도 너무 단조롭기도 하다. 그러나 우정 또는 애정이 이리도 숨김없이 종횡무진하게 토로된 것은 드물 것이다. 여기에는 단순과 기교가 조화되어 있으며, 대부분의 시편들이 우아명쾌하다.

— 피천득 〈셰익스피어 소네트 시집〉

윌리엄 셰익스피어는 피천득에게 어떤 시인인가?

16세기 후반 르네상스 시대 영국에서 태어나 52세라는 짧은 생애 동안 불후의 걸작 38편에 달하는 시극 작품을 발표하여 세계 최고의 시인으로 등극한 윌리엄 셰익스피어(1564~1616)는 세계문학사의 기적이다. 많은 학자나 문인이 이런 현상을 불가사의하게 여기고 셰익스피어의 천재성에 대해 다양한 논의들을 해왔다(심지어 어떤 학자는 어떻게 배우까지 겸했던 한 작가가 이토록 많은 작품을 쓸 수 있는가에 강한 의문을 품고 셰익스피어의 실체 자체를 부정하기도 한다).

셰익스피어가 타계한 지 400여 년이 지난 오늘날까지도 전 세계 수많은 일반독자, 문인들, 예술가들, 연구자들이 거대한 봉우리와 깊은 바다 같은 셰익스피어 문학에 매료되어 연극은 물론 영화나 뮤지컬 등과 같은 각종 매체로 제작되는 바람에 소위 '셰익스피어 산업'이라는 말이 나올 정도다. 그렇다면 셰익스피어는 누구이며 그 문학의 핵심은 무엇인가? 피천득은 셰익스피어 탄생 400주년인 1964년에 쓴 수필 〈셰익스피어〉에서 세계의 어떤 셰익스피어 전문 학자들보다 더 확실하게 정곡을 찌르는 셰익스피어론을 다음과 같이 제시한다.

셰익스피어를 가리켜 '천심만혼(天心萬魂)'이라고 부르기도 하고 한 그루의 나무가 아니요 '삼림(森林)'이라고 지적한 사람도 있다. 우리는 그를 통하여 수많은 인간상을 알게 되며 숭고한 영혼에 부딪치는 것이다. (…) 그는 세대를 초월한 영원한 존재이다. (…) 셰익스피어는 때로는 속되고, 조야하고, 수다스럽고 상스럽기까지 하다. 그러나 그 바탕은 사랑이다. 그의 글 속에는 자연의 아름다움, 풍부한 인정미, 영롱한 이미지, 그리고 유머와 아이러니가 넘쳐흐르고 있다. 그를 읽고도 비인간적인 사람은 적을 것이다. (…) 민주 국가의 지도자가 되려는 사람들은 모름지기 셰익스피어를 읽어야 할 것이다.

위 인용문의 마지막 문장 "민주 국가의 지도자가 되려는 사람들은 모름지기 셰익스피어를 읽어야 할 것이다"는 공자가 《시경(詩經)》을 한마디로 요약한 '사무사(思無邪)'와 부합한다. 셰익스피어 극과 같은 문학작품을 읽어야 정치가, 공무원, 공직자들뿐만 아니라 독자들도 민주 시민으로서 사특한 생각을 내려놓고 서로 배려하고 사랑하는 정의로운 사회공동체를 건설할 수 있다는 말이리라.

피천득에게 셰익스피어 소네트는 '산호와 진주'였다

영문학 교수 피천득은 젊어서부터 시인과 수필가로 작가적 생애를 시작하였다. 그의 관심은 작품 전체를 시극으로 쓴 시인으로서의 셰익스피어였다. 극의 시대였던 르네상스 시대는 요즘처럼 산문으로 극을 쓰지 않고 시로 극을 썼다. 피천득은 탁월한 극작가이면서 위대한 시인인 셰익스피어의 각 극에 나타나는 유명한 독백들뿐만 아니라, 영국의 대표적 14행 정형시 소네트에 관심이 많았다. 1960년대에 피천득은 소네트 일반론, 《셰익스피어 소네트 시집》의 연구와 번역에 관심을 보여 짧은 글들을 발표하기도 했다. 피천득은 모두 시로 쓰인 셰익스피어 극도 좋아했지만, 특히 14행시 소네트를 좋아하였으며, 자신이 좋아하는 시들을 즐겁게 암송하고 가르치며 번역하였다.

소네트는 유럽에서 13세기에 시인 페트라르카를 필두로 이탈리아나 프랑스에서 시작되어 영국에서는 16세기에 유행하기 시작했으며, 엘리자베스 조 시대 문인들은 대부분 소네트 시인을 겸하였다. 영국의 대표적 정형시 소네트는 1행이 10개 음절로 되어 있고 한 행에 강세가 약강인 운각이 5개다. 이런 형식의 시를 약강 5보격이라 부르는데, 각운(end rhyme)은 두 행씩 짝 지어져 있다. 14행 중 4행이 한 연이 되고, 3개 연에 마지막 두 행이 결론 장(후장)이 되어 대체로 이것은 마치 한시 절구의 기승전결과 같다. 소네트를 '가벼운 장난이나 재담'으로 본 피천득은 '단일하고 간결한 시상(詩想)을 담는 형식'이라 '한 순간의 기념비'로 볼 수도 있다고 했다. '작은 것은 아름답다'고 믿은 금아는 언제나 감정이 응축되고 고도로 절제된 짧은 서정시를 좋아했다. 소네트에 "영국 민족에게 생리적으로 부합되는 무슨 자연성"이 있다는 전제하에 금아 역시 자신의 기질과 기준에 따라 셰익스피어 소네트를 좋아하여 오랜 기간에 걸쳐 154편 전편을 번역하였다.

　피천득은 〈셰익스피어 소네트 시집〉이란 글에서 그 구성에 대한 특징을 논하고, 그에 대한 최종 평가를 다음과 같이 내린다.

　　〈소네트 시집〉은 연가連歌이나, 연결된 이야기로는 명료하지 않은 점이 있다. 어떤 시편은 거의 관련성이 없기도 하다. 이 〈소네트 시집〉 각 편은 큰 우열의 차를 가지고 있다. 어떤 것들은 다만 기교 연습에 지나지 않고, 좋은 것들은 애정의 환희와 고뇌를 우아하고 재치 있게 표현하였으며, 그 속에는 진실성과 심오한 철학이 있다.

　피천득은 셰익스피어의 소네트 154편 중 걸작품으로 12, 15, 18, 25, 29, 30, 33, 34, 48, 49, 55, 60, 66, 71, 73, 97, 98, 99, 104, 106, 107, 115, 116, 130, 146번의 25편을 추천한다.
　어떤 학자는 셰익스피어 문학에서 소네트가 가지는 의미를 다음과 같이 말한 바 있다.

　　소네트는 셰익스피어 희곡을 접한 사람들에게는 전혀 다른 셰익스피어의 인간성을 깨닫게 해준다. 비록 그의 시는 그의 인생에 관한 사실을 전하지 못하고 있더라도, 소네트는 시인의 내면의 진실에 관해서 많은 것을 시사하고 있다. 예술가적 기질이나 기교를 지니지 않고서는 이런 시를 쓰지 못할 것이다. 고뇌에 대한 지식이 없이는 이런 정감이나 열정을 표현할 수 없을 것이다. 정신적 고뇌의 깊이를 알 수 있었기에 셰익스피어는 소네트를 쓸 수 있었다. 희곡에서 보인 셰익스피어와는 전혀 다른 셰익스피어를 소네트는 보여주고 있다.

— 바렛 웬델, 〈엘리자베스시대 문학〉(1894, 이태주 옮김)

셰익스피어는 자기 시대의 소네트 열풍에 따라 소네트 154편을 썼다. 그의 소네트는 셰익스피어의 작품 전체에서 차지하는 비중 때문에 흔히 간과되지만, 셰익스피어의 삶과 문학을 새롭게 이해하는 데 필수다.

소네트 구체적 읽기 사례 : 73번

이제 편집자는 소네트 73번을 선택하여 꼼꼼히 분석하고 자세히 읽기를 통해 일반 독자에게 하나의 소네트 영어 텍스트 읽기 사례를 보여주고자 한다. 소네트의 한역뿐 아니라 영어 원문을 제시하는 이유는 바로 번역에서 미진한 부분이 있으면 독자들께서 영어 텍스트로 돌아가 시의 구조와 음률까지 동시에 살펴보도록 하기 위함이다. 다음에서 구체적 읽기를 시작해보자.

1. That time of year thou mayst in me behold, (a)
2. When yellow leaves, or none, or few, do hang (b)
3. Upon those boughs which shake against the cold, (a)
4. Bare ruined choirs, where late the sweet birds sang. (b)
5. In me thou seest the twilight of such day, (c)
6. As after sunset fadeth in the west, (d)
7. Which by and by black night doth take away, (c)

8. Death's second self, that seals up all in rest. (d)

9. In me thou seest the glowing of such fire, (e)

10. That on the ashes of his youth doth lie, (f)

11. As the death-bed whereon it must expire, (e)

12. Consumed with that which it was nourished by. (f)

13. This thou perceiv'st, which makes thy love more strong. (g)

14. To love that well which thou must leave ere long. (g)

이 시의 운율구조부터 살펴보자

Thăt tíme of yéar, thou máyst in mé běhóld,

1행은 약(v)과 강(′) 음절 5개로 이루어진 약강 5보격으로 이루어졌는데, 이 음격은 영미 시의 가장 기본적인 것이다. 4행시로 이루어지고 흔히 도입부 기(起)에 해당하는 1~4행은 말미 각운 율격이 a-b-a-b로 교차한다. 5~8행도 같은 약강 음격으로 각운 율격은 c-d-c-d며 이 두 번째 4행시는 승(承)의 기능을 한다. 9~12행 역시 4행시로 각운은 e-f-e-f로 전(轉)에 해당한다. 마지막 2행은 이 시의 결론 부분으로 각운 율격은 g-g로 끝난다.

소네트 73번의 운율구조는 셰익스피어 소네트 전편에 해당한다. 정형시로서 소네트의 특징은 영미 시의 독특한 운율구조와 시상 전개의 기승전결까지 보여준다. 특히 이 소네트에서는 4행마다 "In me thou seest(그대는 나에게서 볼 수 있다)"가 반복하는데, 이런 반복은 흔히 수사학적 강조를 나타낸다. 늙어가는 시인은 서서히 죽어가는 자신의 모습을 상대방이 분명히 볼 수 있음을 반복을 통해 강조한다. 셰익스피어는 늦가을, 황혼 그리고 또 불이 다 타고 남은 재를 차례로 제시함으로써 시인의 죽음이 서서히 다가옴을 점층적으로 강화한다.

> 그대 나에게서 늦은 계절을 보리라,
> 누런 잎이 몇 잎 또는 하나도 없이
> 삭풍에 떠는 나뭇가지
> 고운 새들이 노래하던 이 폐허된 성가대석을
> 나에게서 그대 석양이 서천에
> 이미 넘어간 그런 황혼을 보리라,
> 모든 것을 안식 속에 담을 제2의 죽음,
> 그 암흑의 밤이 닥쳐올 황혼을
> 그대는 나에게서 이런 불빛을 보리라.
> 청춘이 탄 재, 임종의 침대 위에
> 불을 붙게 한 연료에 소진되어
> 꺼져야만 할 불빛을.
>   그대 이것을 보면 안타까워져
>   오래지 않아 두고 갈 것을 더욱더 사랑하리라. (피천득 옮김)

이 소네트에서 3가지 이미지(심상) '늦은 계절', '밤', '꺼져야만 할 불빛'을 통해 나이 들어 죽음에 이르는 순간이 가까워짐에 따라 사랑은 오히려 강화됨을 보여준다. 1~4행은 한 해의 마지막 계절과 같은 시인의 삶과 생기 넘치는 여름이 지나간 뒤 앙상한 가지의 무기력함을 비교하고, 5~8행은 끝나가는 시인의 삶을 죽음과도 같은 하루의 종말인 밤과 비교한다. 9~12행은 시인의 삶을 결국 소진되어 없어질 불꽃과 비교하고 마지막 13~14행은 임박한 상실로 인해 안타까운 마음에 사랑이 다시 살아남을 것을 노래한다. 마지막 결론에서 새로운 반전이 일어난다. 암담하고 우울한 분위기가 주조를 이루던 중 어차피 모든 것을 두고 죽어야 하지만 그렇기에 그것을 더욱더 사랑하겠다는 낙관적인 결연한 의지를 표명한다.

어떤 셰익스피어 학자는 이 소네트 73번을 로마시인 오비디우스(43BC~17AD)의 《변신 이야기》 15권 96~110행, 165~272행, 392~407행, 871~879행과 비교했는데, 여기에 몇 구절 적어본다.

> 온 세상에 영속하는 것은 아무것도 없소
> 만물은 흐르고, 모든 형상은 변화함으로써 생성되는 것이오.
> 시간 자체도 끊임없이 움직이며 흘러가는 것이니,
> (…) 그와 마찬가지로 시간도 달아나며 동시에 뒤좇으니
> 언제나 새로운 것이오. 전에 있었던 것은 지나가고
> 전에 없었던 것은 생겨나, 매 순간이 새롭기 때문이오.
> (…) 본래 모습을 유지하는 것은 아무것도 없소. 위대한 발명가인
> 자연은 끊임없이 다른 형상에서 새 형상을 만들어내오.
> 그대들은 내 말을 믿으시오! 온 세상에 소멸하는 것은 아무것도
> 없소. 단지 그것이 변하고 모습을 바꿀 뿐이오.
> (…) 혹시 사물이 저기서 여기로,
> 여기서 저기로 옮긴다 하더라도, 사물의 합은 불변이오.
> 같은 모양으로 오랫동안 지속되는 것은 아무것도 없다고 나는
> 확신하오.

— 오비디우스 《변신 이야기》(천병희 옮김) 177~79, 183~85, 252~60행

이렇게 소네트 73의 사상과 주제의 기원을 서양 문학의 원류의 하나인 오비디우스에서 찾을 수 있다. 《변신 이야기》는 영국에서 1537년 영어로 처음 번역되었다. 실제로 16세기 엘리자베스 시대의 극작가 셰익스피어는 물론 크리스토퍼 말로, 벤 존슨 모두가 《변신 이야기》의 영향을 받았다. 오비디우스는 영문학사에서 17세기 존 밀턴을 비롯하여 많은 시인에게 큰 영향을 주었다. 소네트 73에 드러나는 시간과 일생의 무상이라는 주제는 앞서 인용한 《변신 이야기》와 겹친다. 셰익스피어는 대학을 다니거나 공부를 많이 한 시인은 아니지만, 르네상스 시대 당시 그리스와 로마의 문학과 사상에 상당한 영향을 받고 있음을 알 수 있다. 셰익스피어는 시대에서 벗어난 개인적 천재가 아니다. 그도 그의 시대와 서구문학 전통 속에서 '영향의 불안'을 극복하고 솟아난 군계일학의 대천재 시인이었다.

피천득은 윌리엄 셰익스피어의 소네트 154편 전부를 번역한 《셰익스피어 소네트 시집》 단행본을 1964년 처음으로 정음사판 〈셰익스피어 전집〉(제4권)의 하나로 출간하였다. 이 번역 시집에서 시 번역가로서의 피천득의 특징들이 모두 나타나는데, 우선 그의 번역시는 운율이나 흐름은 물론 내용에서도 한국 시를 읽는 것처럼 쉽고 자연스럽다. 14행시 소네트들은 완벽하게 14행으로 맞추어 번역되었으며, 일부 소네트는 시조형식에 맞게 4행시로 3・4조와 4・4조에 맞추어 축약 번역(번안) 또는 개작하는 새로운 시도도 이루어졌다.

피천득이 외국 시를 번역하며 이런 과감한 실험을 감행한 것은

영국의 대표적 정형시 셰익스피어 소네트를 한국의 일반독자들이 쉽고 재미있게 즐길 수 있도록 철저하게 한국 고유의 시로 변형하기 위해서다. 피천득의 이런 시도로 영국 시형인 소네트 14행시는 사라졌으나 그 뜻과 혼은 번역된 우리말 속에 그대로 남아 있다.

피천득이 소네트 번역에서 번역가로서의 재능을 충분히 발휘한 것은 수십 년 동안 강단에서 가르치면서 원문을 읽고 또 읽고 번역된 한국어를 다듬고 또 다듬었기에 가능했다. 한국문학 번역사에 남을 만한 기념비적 업적인 피천득 번역시의 내용과 형식, 기법을 연구한다면 외국 시의 한국어 번역을 위한 새로운 모형이 마련될 수 있을 것이다. 셰익스피어 소네트 번역을 읽으면 피천득의 탁월한 한국어 시편을 읽는다는 느낌이 들면서 우리는 화사한 한복을 입은 셰익스피어를 만나게 된다.

소네트 번역의 실제 : 다른 번역자와의 비교
피천득은 소네트 29번을 다음과 같이 번역하였다.

> 운명과 세인의 눈에 천시되어,
> 혼자 나는 버림받은 신세를 슬퍼하고,
> 소용없는 울음으로 귀머거리 하늘을 괴롭히고,
> 내 몸을 돌아보고 나의 형편을 저주하도다.
> 희망 많기는 저 사람,
> 용모가 수려하기는 저 사람, 친구 많기는 그 사람 같기를,
> 이 사람의 재주를, 저 사람의 권세를 부러워하며,
> 내가 가진 것에는 만족을 못 느낄 때,

그러나 이런 생각으로 나를 거의 경멸하다가도
문득 그대를 생각하면, 나는
첫새벽 적막한 대지로부터 날아올라
천국의 문전에서 노래 부르는 종달새,
    그대의 사랑을 생각하면 곧 부귀에 넘쳐,
    내 팔자, 제왕과도 바꾸려 아니하노라.

이 소네트 29번을 셰익스피어 전공학자였던 고(故) 김재남(1922~2003)은 다음과 같이 번역하였다.

    행운의 여신과 세인의 눈에게 얕보인 나는
    자신의 버림받은 처지를 혼자서 한탄하며
    무익한 울부짖음을 가지고 반응 없는 하늘을 괴롭혀주고,
    자신을 돌아다보고 자신의 운명을 저주하고 있소.
    그리고 나는 좀 더 유망한 사람이 되기를 원하여
    용모나 친구 관계에 있어 그 사람을 닮아보고 싶어하고,
    학식은 이 사람같이 돼보고 싶어하고,
    역량에 있어서는 저 사람같이 돼보고 싶어하고 있소.
    그러나 나는 가장 원하는 것에 있어 가장 욕구 불만이오.
    이렇게 생각하면 나는 나 자신을 경멸할 지경이지만,
    다행히도 그대에게 생각이 미치면 나의 심경은
    새벽녘 껌껌한 지상으로부터 날아오르는 종달새같이
    하늘의 입구에서 찬미가를 부르게 되오.
        그대의 총애를 돌이켜 생각하면 굉장한 재보가 찾아와주니 말이오.

이래서 나는 나의 처지를 왕하고도 바꾸기를 원치 않는 것이오.

김재남의 《셰익스피어 전집》(총 5권) 한글 번역은 세계 일곱 번째 그리고 한국 최초로 1964년에 이루어졌다. 그러나 역자 서문 어디에도 김재남 자신의 번역 방법에 관한 구체적 논의가 없어 아쉽다. 다만 1964년판에 추천사를 쓴 저명한 문학비평가이며 영문학자였던 최재서는 셰익스피어 전집 번역자의 자격을 다음과 같이 논하였다. 첫째 셰익스피어의 "작품들을 계통적으로 연구한 전문 학자"라야 하고, 둘째 "난해한 혹은 영묘한 셰익스피어의 표현을 우리말로 옮기는 데는 문학적 재능"이 필요하다고 전제하고 있다. 최재서는 김재남이 이 두 가지 조건을 갖춘 '유려한 번역자'라고 추천한다(11쪽). 1995년판 추천사를 쓴 셰익스피어 학자 여석기도 이 3번째 개정판에서 김재남의 번역이 "우리말 표현을 더욱 의미 있게 세련되게 하는 작업이 수반"(6쪽)되었다고 적고 있다. 이렇게 볼 때 국내의 원로 셰익스피어 학자들이 김재남의 번역을 높이 평가하고 있음을 알 수 있다.

여기에서 시인 피천득과 전문 학자 김재남의 번역을 비교해보면 그 차이가 뚜렷하다. 필자가 이 두 번역을 비교하는 것은 번역의 우열을 가리기 위한 것이 아니고, 번역에 어떤 특징적 차이가 있는가를 살펴보기 위함이다. 피천득의 번역은 한국어 흐름을 볼 때 14행을 지키면서도 독자들을 위해 좀 더 자연스러운 의역인 반면, 김재남의 번역은 전문 학자답게 정확한 번역을 위한 직역에 가깝다. 피천득은 자신의 번역 방법으로 셰익스피어 소네트를 번역하여 일반 독자들을 위해 훌륭한 한국 시로 새로이 재창조하고자 한 노력이 역력하다. 반면 김재남은 시적 특성을 살리기보다 다른 학자들이나 영문학과 학생들을 위하여 정확한 번역시를 만들고자 한 것 같다. 이런 비교는 소네트 거의 전편에 해당한다. 여기서는 지면 관계상 다른 셰익스피어 번역자들의 번역과 더는 비교하지 않겠다.

소네트의 104번 자유역을 통한 개작 : 변신과 새로운 한국시 만들기

피천득은 앞서 지적한 바와 같이 14행시라는 영국형 소네트 형식을 완전히 무너뜨리고 실험적으로 전혀 새로운 한국 운율의 기본구조인 3·4조나 4·4조의 짧은 서정적 정형시로 번안하여 재창작하기도 했다. 소네트 104번 한국어 번역과 재창작한 시를 비교해보자.

아름다운 친구여, 내 생각엔 그대는 늙을 수 없는 것 같아라.
내가 처음 그대의 얼굴을 봤을 때같이
지금도 그렇게 아름다워라. 추운 겨울에 세 번이나
나무숲에서 여름의 자랑을 흔들어버렸고,
아름다운 봄이 세 번이나 황금빛 가을로 변했어라.
계절의 변화를 눈여겨보았더니
4월의 향기가 세 번이나 뜨거운 6월에 불탔어라.
싱싱하고 푸르른 그대를 처음 뵈온 이래로.
아! 그러나 아름다움이란 해시계의 바늘처럼
그 숫자에서 발걸음도 안 보이게 도망치도다.
그대의 고운 자색(姿色)도 내 변함없다고 여기지만
실은 움직이며, 내 눈이 아마 속는 것이로다.
    그 염려 있나니 너 아직 태어나지 않은 세대여, 들으라.

너희들이 나기 전에 미의 여름은 이미 죽었어라.

다음은 번안을 통해 피천득이 소네트 104번을 재창조한 한국시이다.

지금도 그대 젊음
예전같이 고운지고

세 번 사월 향기
유월 볕에 세 번 타다

머문 듯 가는 것을
내 눈이라 속는 것이

들으라 후세 사람아
美는 이미 졌느니   (1994)

1975년 피천득은 104번을 다음과 같이 시조로도 개작하였다.

지금도 그때 젊음 예전같이 고운지고
세 번 사월 향기 유월 볕에 세 번 타다
머문 듯 가는 젊음을 내 눈이라 속았느니.
　　　　　　　　—《시조문학》 1977년 가을호(제12호)

이 얼마나 놀라운 변신인가? 새로운 창작이다. 금아의 외국 시 번역 작업의 목표는 이국적 정취가 아니라 한국문학의 회생이다. 번역을 통한 외국 시와의 관계 맺기는 결국 외국 시를 하나의 새로운 시로 정착시키고 한국 시와 시인에게 또 다른 토양을 제공하여 외국 시와 한국 시, 외국 시인과 한국 시인(번역자) 사이의 새로운 역동적 변형과 확장으로 나아가는 길이리라. 피천득의 셰익스피어 소네트 번역 작업처럼 우리가 외국 시를 우리말의 의미와 운율로 아름답게 번역해 놓는다면 한국 시의 일부가 될 수 있을 뿐 아니라 나아가 좋은 번역을 통해 모든 문학은 누구나 어디서든지 읽을 수 있는 세계문학이 될 수 있다는 것을 알게 되는 것이 아닐까?

영국 소네트와 한국 시조의 비교문학적 논의

피천득의 《셰익스피어 소네트 시집》 번역에서 우리가 놓치지 말아야 할 점은 한국의 대표적 정형시 시조와 영국의 대표적 정형시 소네트의 비교다. 시조를 '풍월'이라고 하듯이 소네트를 '시의 스포츠', 즉 '가벼운 장난이나 재담'이라고 풀이한 피천득은 우리나라의 연시조와 견주어 소네트의 특징을 다음과 같이 요약한다.

우리나라 시조에서 과거에 퇴계(退溪) 도산십이곡(陶山十二曲), 율곡(栗谷)의 고산구곡(高山九曲), 윤고산(尹孤山)의 오우가(五友歌), 근래에 와서 춘원(春園), 노산(鷺山), 가람 같은 분들의 연시조를 연상케 한다. (…) 소네트는 엄격한 정형시이기 때문에 시인은 표현에 있어 많은 제한을 받게 된다. 즉 압축된 농도 진하고 간결한 표현을 하기 위하여 모든 시적 기교를 부려야 한다. 그리고 소네트는 시상의 집중체(集中體)이므로 한 말 한 말이 다 불가결한 것이라야 하며 존재의 이유가 있어야 한다. 감정이나 사상의 무제한한 토로가 아니고 재고 깎고 닦고 들어맞춘 예술품이라야 한다.

이어서 피천득은 소네트와 우리의 시조를 비교하여 다음과 같은 유사점이 있다고 지적한다.

1) 둘 다 유일한 정규적 시형으로 수백 년간 끊임없이 사용되었다.
2) 둘 다 많은 사람들이 써왔다.
3) 둘 다 모두 전대절과 후소절이 내용이나 형식에서 확실히 구분된다. 특히 소네트의 마지막 두 줄은 시조의 종장과 같이 순조로운 흐름을 깨뜨리며 비약의 미와 멋을 보여준다.
4) 둘 다 내용에 있어 애정을 취급한 것이 많다.

피천득은 이어서 소네트와 시조의 다른 점을 지적한다. 첫째, 엇시조나 사설시조를 제외하고 평시조 한 편만을 고려할 때 시조는 시상의 변두리만 울려 여운을 남기는데, 소네트는 적은 공간 안에서도 설명과 수다가 많다. 둘째, 소네트는 시상이 낙관적이며 종교적 색채가 많으나 시조는 폐정閉靜과 무상無常을 읊는 것이 많고 특히 한恨이 많으며 소극적이다.

셰익스피어와 피천득이 만나는 지점 : 소네트와 피천득의 삶과 문학

셰익스피어 소네트 154편을 읽어 나가면 사회 비판 의식과 그 속에서 살아가야 하는 방식이 드러난다. 소네트 66번은 인간사회의 부조리와 죄악을 잘 보여준다.

> 이 모든 것에 싫증나 내 죽음의 안식을 희구하노라.
> 재덕才德이 걸인으로 태어난 것을 보고,
> 공허가 화려하게 성장한 것을 보고,
> 순진한 신의는 불행히 기만당한 것을 보고,
> 찬란한 명예가 부끄럽게 잘못 주어진 것을 보고,
> 처녀의 정조가 무참히도 짓밟히는 것을 보고,
> 올바른 완성이 부당하게 욕을 당한 것을 보고,
> 강한 힘이 절름발이에 제어되어 무력화된 것을 보고,
> 예술이 권력 앞에 벙어리가 된 것을 보고,
> 바보가 박사인 양 기술자를 통제하는 것을 보고,
> 솔직한 진실이 잘못 불리는 것을 보고,
> 선한 포로가 악한 적장을 섬기는 것을 볼 때, (1~12행)

피천득은 일제강점기, 해방공간, 6·25 전쟁 등을 몸소 겪으며 살면서 세상의 공의와 사랑이 무너져버린 상황을 이 소네트에서 그대로 보았다. 피천득은 소네트 91번에서도 각종 세속적 유행을 넘어 '하나의 전체적인 최선'을 찾았을 것이고 소네트 125번에서는 어지럽고 혼탁한 세상에서 살아가는 방식을 보았을 것이다.

> 나는 외양에 의존하는 자들의
> 너무 많은 대가를 전부 잃고 더욱 잃는 것을 보지 않았더뇨?

> 소박한 것을 버리고 복잡한 치레를 위하여
> 번영하는 자들은 가련하게도 보는 데만 힘을 낭비하나니.
> 나는 아니라, 그대의 가슴에만 정성을 바치리,
> 초라하나 자유롭고 최상과만 섞이며 기교를 모르는
> 나의 헌납을 받으시라,
> 다만 그대를 위하여서라는 상호간의 희생만을 아는. (5~12행)

피천득은 또한 소네트 146번의 "더러운 시간을 팔아서 신성한 기한을 사라 / 속은 살찌게 하고 겉은 더 부유하지 못하게 하라"는 말을 기억했으리라.

  피천득은 셰익스피어의 소네트 85번에서 자신의 시 창작법을 찾아냈다.

> 입을 다문 나의 시신詩神은 예의 바르게 침묵하도다,
> 그대를 예찬하는 글이 화려하게 창작되고,
> 찬란한 붓으로 그대의 품격이 보존되고,
> 귀중한 어구가 모든 시신에 의해 다듬어질 때
> 다른 이들이 좋은 말을 쓸 때 나는 다만 좋은 생각 하고
> 무식한 목사와 같이 늘 '아멘'을 외치노라.
> 유능한 사람의 세련된 붓으로 쓴
> 정화된 모든 찬가에 대하여.
> 그대 예찬됨을 들을 때마다 외치노라, '그렇다, 사실이라'고.
> 그리고 최대의 찬사에 찬사를 가하노라.
> 그러나 그것은 단지 내 마음속에만 있노라.

그대에 향한 사랑은 말은 뒤떨어져도 품격은 앞섰느니라.
다른 사람에게선 표현을 귀히 여기고
나에게선 함정무언含情無言의 생각을 중히 여기라.

피천득은 시나 수필에서 단순, 소박, 품격을 지닌 짧은 글을 목표로 삼았다. 금아는 표현을 아끼고 열정을 억눌렀다. 일생 그는 시 100편 내외, 수필도 100편 내외로 지극히 과작의 작가였다.

피천득 문학의 최종 목표는 진, 선, 미였다. 이러한 그의 창작 원리는 소네트 105번에 잘 나타난다.

그러므로 나의 시는 불변의 법칙에 매여
하나만을 표현하고 다른 것은 버리노라.
'미·선·진'은 내 주제의 전부니라,
'미·선·진'을 말을 바꾸어 노래할 뿐.
이런 변화에만 나의 상상이 소비되도다.
하나 속에 세 주제, 이는 놀랄 만한 영역이라. (7~12행)

피천득이 꿈꾸었던 문학의 궁극적 목표는 영원히 살아남아 영생을 누리는 것이다. 사실 '인생은 짧고 예술은 길다'는 명제처럼 이것은 어느 시인이나 작가라도 꿈꿀 것이다. 셰익스피어도 소네트 55번에서 이것을 잘 표현하고 있다.

대리석도, 왕후를 위하여 세운
금빛 찬란한 기념비도, 이 시보다 오래 남지 못하리라.

오랜 세월에 더럽혀지고 청소도 아니한 비석보다
그대는 이 시 속에 빛나리라.
(…)
그러기에 그대가 재생할 심판날까지
그대는 내 시 속에, 그리고 애인들 눈 속에 살으리라. (1~4, 13~14행)

소네트 60번 마지막 2행은 "그러나 내 시는 시간의 잔인을 물리치고/ 그대를 찬양하려 길이 남으리라"고 시의 영원불멸성을 노래한다.
  소네트 81번에서도 시인은 애인에게 자신의 시 속에서 영생할 것임을 선언한다.

그대의 이름은 이 시에 의하여 영생하리라,
(…)
그대의 비문은 나의 정다운 시라.
그것은 아직 창조되지 않은 눈들이 읽고,
이 세상에 태어날 혀들이 그대의 이야기를 하리라,
지금 숨을 쉬고 있는 사람들이 죽었을 때에.
  그대는 영원히 살리라 ―내 붓은 그런 힘 있나니―
  숨결이 약동하는 곳, 사람의 입 속에서. (5, 9~14행)

셰익스피어 문학 특히 소네트의 대주제는 한마디로 '사랑'이다. 그의 많은 소네트에서 연인에 대한 사랑은 시인에게 문학적 영감과 소재의 원천이다. 소네트 38번에 이 주제가 가장 잘 드러난다.

어찌 내 시혼이 창작할 주제가 부족하리요?

그대가 살아 있어 그대 자신의 아름다운 주제를

내 시구에 쏟아주나니,

속된 지면에는 너무나 우아한.

(…)

시인들이 기도 드리는 아홉 시신보다

십 배 우수한 제십신(第十神)이 되어달라.

그리고 그대에게 기원하는 시인은

세월을 초월하는 불멸의 시를 짓게 하라. (1~4, 9~12행)

소네트 76번 후반부도 읽어보자.

아! 나의 고운 님이여, 이는 내 항상 그대에 관해서만 쓰고,

그대와 사랑만이 언제나 나의 주제이기 때문이라.

이리하여 나의 최선의 작품은 옛글에 새옷 입히고,

이미 사용되었던 바를 다시 사용하게 되노라.

저 태양이 날마다 새롭고도 오래된 거와 같이

나의 사랑도 이미 말한 것을 두고두고 이야기하노라. (9~14행)

시인은 연인에게 '언제나 나의 주제'라고 선언하고 소네트 78번의 결구에서는 "그러나 그대는 나의 예술의 전부이라,/ 나의 무딘 무지를 높여 박식과 같이 만들도다"라고 찬양한다. 소네트 103번에서는 "나의 시는 그대의 미와 그대의 천품을/ 노래하려고 쓴 것에 지나지 않노니"(11~12행)라고 주장한다.

셰익스피어는 적어도 소네트 시집에서는 지독한 사랑주의자다. 소네트 92번의 몇 행을 살펴보자.

> 그리고 그대의 사랑 머물잖는다면 생은 더 이상 계속치 않으리.
> 내 생명은 그대의 사랑에 의지해 있나니,
> 그대의 사랑이 조금만 변해도 내 생명은 끝이 나니, (3~5행)

이 시인에게 사랑은 생명까지도 좌지우지한다. 소네트 116번에도 그의 사랑 철학이 잘 나타나 있다.

> 아, 아니로다! 사랑은 영원히 변치 않는 지표라,
> 폭풍을 겪고 동요를 모르는.
> 사랑은 모든 방황하는 배의 북두성이로다,
> 그 고도는 측량할 수 있어도 그 진가는 알 수 없는.
> 사랑은 세월의 놀림감은 아니라
> 장미빛 입술과 뺨은 세월에 희생이 되더라도,
> 사랑은 짧은 시일에 변치 않고
> 심판일까지 견디어 나가느니라.
>   이것이 틀린 생각이요 그렇게 증명된다면,
>   나는 글을 쓰잖으리라, 인간을 결코 사랑하잖았으리라. (5~14행)

여기에서 셰익스피어는 '사랑'이란 단어를 5번이나 반복한다.

이제는 셰익스피어 소네트와 피천득 작품의 친연관계를 생각해 보자. 셰익스피어는 시를 정(情), 즉 사랑으로 보았다. 소네트 32번을 보자.

다른 다행한 사람보다 뒤떨어진 것이라도,
시를 위하여서가 아니라 정으로 간직하여 달라.
오, 그리고 이런 자혜스런 생각으로 나를 아껴달라.
그의 시혼이 시대와 같이 자랐더라면,
그의 애정에서 우수한 시가 씌어지고,
더 찬란한 대열에 들었을 것을.
　그는 죽고 우울한 시인들이 나왔으니,
　그들의 시에선 작품을, 그의 시에선 애정을 읽으리라. (7~14행)

이 부분을 피천득 수필 〈순례〉와 비교해보자.

　문학의 본질은 언제나 정(情)이다. 그 속에는 "예전에도 있었고 앞으로도 있을 자연적인 슬픔 상실 고통"을 달래주는 연민의 정이 흐르고 있다. (…) 문학에 있어서 정의 극치는 아무래도 연정이라 하겠다.

앞서 셰익스피어 문학과 피천득 문학의 핵심은 '사랑'으로 합치된다.
　셰익스피어는 소네트 4번에서 자신의 미모와 능력을 허비하는 연인에게 다음과 같이 노래한다.

그대는 자기에게만 관심을 가짐으로써
자기 자신의 미를 스스로 저버리도다.
그러니 자연이 그대의 돌아갈 것을 명령할 날,
어떻게 그대는 시인(是認)받을 계산서를 남겨 놓으려느뇨?
　그대의 쓰지 못한 미는 그대와 함께 묻힐 것이라.

그것이 사용됐던들 유언 집행자가 되어 사올 것을. (9~14행)

이 구절은 피천득의 수필 〈어느 학자의 초상〉의 한 구절을 연상시킨다.

그는 소극적이었다. 내가 아쉬움을 금치 못하는 것은 그의 학구 생활이 비생산적이었다는 사실이다. 그는 독창적 연구가 아니면 논문을 쓸 가치가 없다고 생각하였다. 그리고 그는 기쁨을 얻기 위하여 책을 읽었지 써먹기 위하여 읽지 않았다. 오랜 세월에 걸쳐 쓴 그의 일기라도 보존되었더라면 좋았을 것을, 그것마저 일부는 이북에 두고 오고 일부는 사변통에 잃어버렸다. 그러고는 일기도 안 썼다.

여기서 '그'는 피천득의 절친 장익봉 교수였다. 장 교수는 서울대에 있다가 후에 성균관대로 옮겨갔으며, 일생 결혼도 하지 않고 독서와 강의에 매진하면서 독신으로 지냈다. 피천득은 친구 장익봉이 서양 고전에 대해 해박한 식견과 지식을 지닌 고매한 학자임에도 연구서를 한 권도 내지 않은 것을 애석해하였고 일생 가족도 없이 혼자 산 것을 안타깝게 생각했다. 그러나 이 혼탁한 세상에 그런 '순결한 존재'가 있었다는 사실만으로도 우리 모두에게는 큰 축복이라고 생각했다.

이제는 셰익스피어 소네트가 피천득의 시와 수필 구조와 형식에 끼친 영향을 살펴보자. 154편 소네트의 14행 구성은 4행의 3연이 각각 기(起), 승(承), 전(轉) 그리고 마지막 2행이 결(結)의 구조를 이룬다. 소네트 88번을 보자.

> 그대가 나를 대수롭지 않게 여기고
> 내 재덕을 천시할 때
> 나는 그대 편에 서서 나 자신에 대적하여,
> 그대가 위증을 하더라도 그대가 정당하다고 증명하리라.
> 나는 내 약점을 잘 앎으로 그대 편에 서서
> 내가 지녔으나 숨겨두었던 허물들을
> 이야기로 만들어 쓸 수 있으리라,
> 그대가 나를 버림으로 영광을 얻도록.
> 그리하여 나도 이익을 보리라.
> 나의 애정 전부를 그대에게 기울임으로
> 내 자신에 주는 손상이
> 그대를 이롭게 한다면 내게는 갑절의 이익이라.
> 이것이 나의 사랑이라, 이렇게도 나는 그대에게 예속됐나니
> 그대의 정당을 위해 내 어떠한 박해도 견디리라.

위 소네트에서 기에 해당하는 첫 1~4행에서 상대방이 나를 무시하면 나는 그대가 옳음을 증명해주겠다고 말한다. 5~8행은 승으로 한 걸음 더 나아가 나의 약점이나 허물도 보여주겠다고까지 말한다. 전에 해당하는 9~12행에서는 그렇다고 내가 손해 보는 것이 아니라 오히려 나에게 두 배의 이익이라고 말함으로 반전을 이룬다. 마지막 13~14행 결론에서 시인은 이것이 자신의 사랑 방식이고 어떤 어려움이 있어도 계속 사랑하리라고 다짐한다. 이런 기승전결의 구성은 셰익스피어 소네트에만 적용되는 것은 아니며, 인간 사유의 기본 방식이고 소설 등에서 기승전결의 일반적 구조다. 그러나 14행이라는 이

짧은 소네트에서도 분명 이런 구조가 주조를 이룬다.

피천득은 셰익스피어의 154편 소네트 번역을 아주 오랜 기간에 걸쳐 끝냈다. 이런 과정에서 피천득은 소네트에 나타난 셰익스피어의 서술 전략을 숙지하였기에 자신의 창작에도 어느 정도 영향을 받았을 것이다. 우선 피천득의 시 〈친구를 잃고〉를 읽어보자.

생과 사는
구슬같이 굴러간다고

꽃잎이 흙이 되고
흙에서 꽃이 핀다고
영혼은 나래를 펴고
하늘로 올라간다고도

그 눈빛 그 웃음소리는
어디서 어디서 찾을 것인가

1연에서 시인은 세상을 떠난 친구를 생각하며 죽고 사는 것은 하나라고 자신을 위로한다. 2연에서도 시인은 죽음도 흙과 꽃의 관계처럼 자연의 순환 법칙을 내세우며 슬픔을 억누르고, 3연에서는 영혼 불멸이나 천국으로 올라갈 수 있다고까지 상승 반전한다. 그러나 마지막 연에서 갑자기 떨어져 내려, 그런 위로를 위한 허황한 철학이나 교리의 허구성이 드러난다. 죽어 사라진 친구의 '눈빛'과 '웃음소리' 역시 사라져 일상과 현실 어디에서도 찾을 수 없지 않은가? 시 전반부와 중반부의 위로는 후반부 마지막 연에서 갑자기 슬픔으로 변해 버린다. 이와 유사한 구조의 시는 〈교훈〉, 〈저녁때〉, 〈이 순간〉, 〈만남〉, 〈새〉, 〈너〉 등이다.

셰익스피어 소네트의 기본구조인 기승전결을 피천득의 수필 〈장미〉에서 살펴보면(지면 관계상 작품은 제시하지 않는다), 이 수필의 화자는 자기 집에 가져가려고 장미 일곱 송이를 샀다. 그러나 집에 돌아오는 길에 부인이 병석에 있는 친구 Y를 만나 두 송이를 주고 또 전차에서 내려 하숙하는 C의 집 꽃병에 두 송이를 꽂아준다. 집으로 오는 길에 애인을 만나러 가는 K에게 나머지 세 송이마저 주어버린다. 이것은 하나의 반전이다. 수필 마지막 부분에 집에 돌아온 화자는 장미꽃을 기다리는 자신의 꽃병에 미안함을 느낀다. 수필 시작 부분에서 장미 일곱 송이를 사서 의기양양하던 화자는 결국 한 송이도 못 가진 자신의 상황을 못내 아쉬워한다. 이런 피천득의 수필 구성은 셰익스피어의 소네트 구성과 매우 유사하다고 하겠다. 이와 유사한 구조를 가진 수필은 〈조춘〉, 〈장수〉, 〈찬란한 시절〉, 〈인연〉, 〈춘원〉, 〈은전 한 닢〉, 〈만년〉 등이 있다.

사랑의 실천을 위하여

피천득의 영원한 문학적 우상인 셰익스피어 순례는 소네트 154편 전편 번역과 더불어 마감된다. 16세기 후반부터 17세기 초에 이르는 시기는 르네상스와 종교개혁에서 근대 계몽주의로 넘어가는 길목으로 문명의 전환기와 현대 초기 영어 형성의 이행기였다. 이 시대를 살았던 윌리엄 셰익스피어는 실로 언어의 마술사, 나아가 시공간을 초월하는 인간의 보편성을 가장 다양하고 구체적으로 창조한 위대한 시인, 극작가, 발명가, 사상가다. 앞으로 셰익스피어가 금아에게 끼친 영향을 비교문학적으로 탐구해보는 일도 피천득 문학을 더 잘 이해하기 위해서 바람직할 것이다.

피천득은 수필 〈셰익스피어〉에서 셰익스피어 문학의 바탕을 '사랑'으로 파악했고, 수필 〈순례〉에서 "문학의 본질은 언제나 정"이라고 규정했으며 자신이 죽은 뒤 후대 독자들이 "훗날 내 글을 읽는 사람이 있어 '사랑을 하고 갔구나' 하고 한숨지어 주기를 바라기도 한다. 나는 참 염치없는 사람"(〈만년〉)이라고 했다. 피천득의 지적대로 셰익스피어 작품 전체의 주제가 사랑이지만 특별히 소네트 154편의 핵심 주제는 사랑이다. 사랑이라는 주제는 셰익스피어와 피천득이 만나는 지점이다.

셰익스피어 전문 학자는 아니었지만, 시인이자 수필가였던 피천득은 셰익스피어를 사랑하고 존경했다. 그가 번역한 셰익스피어 소네트는 모든 극을 시로 쓴 엘리자베스 시대 극작가 셰익스피어를 일반독자들이 감상하고 이해하는 출입구를 마련했다. 시인 피천득은 소네트 번역을 통해 자신의 시의 내용과 형식에서 많은 영향을 받았다. 나아가 번역을 통해 셰익스피어 소네트를 한국어 자유시와 민족 고유의 정형시인 시조로 창작해내어 세계 문학과 일반 문학의 관점에서 셰익스피어를 한국 문학에 편입시키는 성과도 거두었다고 말할 수 있다.

편집자 정정호

피천득 문학 전집 출판지원금 후원자 명단(가나다 순)

강기옥	김미원	김윤숭	박무형	신명희
강기재	김미자	김재만	박성수	신문수
강내희	김복남	김정화	박순득	신숙영
강순애	김부배	김준한	박영배	신윤정
강은경	김상임	김진모	박영원	신호경
강의정	김상택	김진용	박윤경	심명호
강지영	김석인	김철교	박인기	심미애
고동준	김선웅	김철진	박정자	심재남
고순복	김선주	김필수	박정희	심재철
고윤섭	김성숙	김한성	박종숙	안 숙
공혜련	김성옥	김해연	박주형	안국신
곽효환	김성원	김현서	박준언	안성호
구대회	김성희	김현수	박춘희	안양희
구명숙	김소엽	김현옥	박희성	안윤정
구양근	김숙효	김후란	박희진	안현기
국혜숙	김숙희	김훈동	반숙자	양미경
권남희	김시림	김희재	배시화	양미숙
권오량	김애자	나종문	변주선	양영주
권정애	김 영	나태주	변희정	염경순
김갑수	김영석	노재연	부태식	오경자
김경나	김영숙	류대우	서 숙	오문길
김경수	김영애	류수인	서수옥	오세윤
김경애	김영의	류혜윤	서장원	오숙영
김경우	김영태	문수점	석민자	오영문
김광태	김용덕	문용린	성춘복	오차숙
김국자	김용옥	민명자	소영순	오해균
김기원	김용재	민은선	손 신	우상균
김남조	김용학	박 순	손광성	우한용
김달호	김우종	박경란	손은국	우형숙
김대원	김우창	박규원	손해일	원대동
김두규	김유조	박기옥	송은영	위성숙

유미숙	이승하	장석환	차현령
유병숙	이애영	장성덕	채현병
유안진	이영란	장종현	천옥희
유자효	이영만	장학순	최미경
유종호	이영옥	전대길	최성희
유해리	이영자	전명희	최원주
유혜자	이원복	정경숙	최원현
윤근식	이은채	정목일	최현미
윤재민	이인선	정 민	추재욱
윤재천	이재섭	정범순	피수영
윤형두	이재희	정복근	하영애
윤희육	이정록	정선교	한경자
이경은	이정림	정우영	한경자
이광복	이정연	정은기	한종인
이근배	이정희	정익순	한종협
이기태	이제이	정정호	허선주
이길규	이종화	정혜연	홍미숙
이달덕	이창국	정혜진	홍영선
이동순	이창선	정희선	황경옥
이루다	이태우	조광현	황길신
이루다	이해인	조남대	황소지
이만식	이형주	조무아	황아숙
이배용	이혜성	조미경	황은미
이병준	이혜연	조순영	황적륜
이병헌	이혜영	조은희	금아피천득선생 기념사업회
이병호	이후승	조정은	금아피천득문학전집 간행위원회
이상규	이희숙	조중행	서울사대 동창회
이상혁	인연정	조한숙	서울사대 영어교육과 동창회
이선우	임공희	주기영	서초구청
이성호	임수홍	지은경	재) 심산문화재단
이소영	임종본	진길자	주) 매일유업
이수정	임헌영	진선철	주) 인풍
이순향	장경진	진우곤	

편집자 소개

정정호(鄭正浩) 1947년 서울 출생.
서울대학교 영어교육과 졸업. 같은 대학원 영어영문학과 석사 및 박사과정 수료.
미국 위스콘신(밀워키) 대학교에서 영문학 박사 학위(Ph.D.) 취득. 홍익대와 중앙대 영어영문학과 교수·한국영어영문학회장과 국제비교문학회(ICLA) 부회장·국제 PEN한국본부 전무이사와 제2회 세계한글작가대회(경주, 2016) 집행위원장.
최근 주요 저서 : 《피천득 평전》(2017)과 《문학의 타작: 한국문학, 영미문학, 비교문학, 세계문학》(2019), 《번역은 사랑의 수고이다》(이소영 공저, 2020), 《피천득 문학세계》(2021) 등.
수상: 김기림 문학상(평론), 한국 문학비평가협회상, PEN번역문학상 등.
현재, 국제 PEN한국본부 번역원장, 금아피천득선생기념사업회 부회장.

피천득 문학 전집 5 번역집

셰익스피어 소네트

초판 1쇄 발행 2022년 5월 10일
초판 2쇄 발행 2024년 11월 20일

책임편집   정정호
펴낸이   강영매 외 3인
펴낸곳   범우사

등록번호   제 406-2004-000048호(1966년 8월 3일)
           (10881) 경기도 파주시 광인사길 9-13 (문발동)
대표전화   031)955-6900, 팩스 031)955-6905

홈페이지   www.bumwoosa.co.kr
이메일   bumwoosa1966@naver.com

ISBN 978-89-08-12477-6 04080
ISBN 978-89-08-12472-1 04080 SET

* 잘못된 책은 바꾸어 드립니다.